Amédée Louis Ulysse Gasquet
Recteur de l'Académie de Nancy

Essai sur le culte et les mystères de Mithra

PARIS
1899

Copyright © 2022 by Culturea
Édition : Culturea 34980 (Hérault)
Impression : BOD - In de Tarpen 42, Norderstedt (Allemagne)
ISBN : 9782382749968
Dépôt légal : août 2022
Tous droits réservés pour tous pays

AVANT-PROPOS

C'est une disgrâce fâcheuse pour cet humble et modeste Essai, composé, et, à quelques retouches près, écrit depuis deux ans, que de paraître juste au moment où se publie l'admirable et magnifique ouvrage de M. Franz Cumont sur les Mystères de Mithra. Aussi ma première pensée fut-elle de garder dans mes cartons ces pages, fruit cependant de longues recherches. Des amis m'en ont détourné, jugeant qu'en un sujet si complexe et où la conjecture tient encore tant de place, une vue personnelle et indépendante pouvait avoir son intérêt et son utilité.

A. G.

I
INTRODUCTION

Le culte et les mystères de Mithra s'introduisirent à Rome, à l'époque où la République à son déclin, après avoir réalisé l'unité du monde ancien aux dépens des patries particulières, était mûre déjà pour la domination de César. De tous les points du bassin oriental de la Méditerranée, pacifié et asservi, d'Égypte, de Syrie, de Perse et de Chaldée, commençaient à affluer vers la capitale les cultes orientaux et les superstitions étrangères. Cybèle et Isis avaient précédé Mithra. Au temps de Cicéron et de Jules César, la colonie juive avait pris assez d'importance pour préoccuper les hommes d'État et inquiéter le pouvoir. Bientôt, à la suite de ces Palestiniens et d'abord confondus avec eux, les premiers disciples du Christ, précédant l'apôtre Paul, vont aborder aux ports italiens et prendre pied sur ce sol, où, quatre siècles plus tard, l'emblème de la croix couvrira l'empire de son ombre. Il semble que toutes ces religions d'Orient aient, dès lors, l'obscur pressentiment que l'unité politique prépare la voie à l'unité morale et que dans cette ville, abrégé de tous les peuples, rendez-vous de toutes les croyances et de toutes tes superstitions, va s'élaborer la crise religieuse qui doit donner au monde un Dieu universel. C'est en vain que les pontifes et les empereurs essaient d'opposer une digue à cette invasion, qu'ils multiplient contre les nouveaux venus les précautions législatives, et qu'ils consignent dans les faubourgs de la banlieue ces dieux étrangers. Le flot déborde tous ces obstacles, et bientôt par la lassitude et avec la complicité des pouvoirs publics, les cultes nouveaux parviennent à s'implanter dans l'enceinte sacrée et sur les sept collines.

Les temps étaient propices pour la propagande de ces étrangers. La vieille religion officielle se mourait au milieu de l'indifférence générale. À bout de sève, elle avait perdu toute prise sur les âmes, toute action sur les consciences.

Il n'en restait que les rites, la liturgie, les gestes extérieurs. Cette mythologie fripée n'imposait plus même aux enfants et aux vieilles femmes. Condamnée déjà par Platon et par les philosophes, au nom de la morale, elle était un objet de dérision pour ceux-là mêmes qui acceptaient et recherchaient les sacerdoces publics. Tandis que le paysan italien restait encore fidèle à ses divinités locales, rustiques et familières, dont il ne se défit jamais complètement, la société des honnêtes gens et des lettrés ne comptait guère que des athées comme César et Lucrèce ou des platoniciens comme Cicéron et Virgile. Les aventures des dieux ne servaient plus que de matière aux vers ingénieux des poètes, de thèmes plastiques aux sculpteurs et aux peintres, de sujets pour les tableaux vivants ; obscènes ou sanglants, de la scène et de l'amphithéâtre. *Scenam de cœlo fecistis*, écrivait avec raison un des plus fougueux adversaires du paganisme. Ces dieux pourtant, malgré le discrédit qui les atteint, continuent à être invoqués jusqu'à la fin du paganisme ; on leur rend les mêmes honneurs ; on leur fait les mêmes sacrifices. Mais les mêmes noms recouvrent des conceptions bien différentes ; le sens qui s'attache à ces dénominations vieillies s'est modifié en même temps que le sentiment du divin. Pour certains théologiens, les anciens dieux sont réduits à la condition de démons subalternes qu'on relègue dans les astres ou qui circulent, messagers invisibles, entre ciel et terre ; pour d'autres, ils prêtent leur personnalité méconnaissable aux abstractions de la théosophie alexandrine.[1]

On a souvent reproché aux apologistes chrétiens les procédés faciles de leur polémique contre le paganisme, et l'étalage copieux et indiscret où ils se sont complu des méfaits de ses dieux. En réalité les chrétiens n'ont fait que suivre l'exemple qui leur était donné par les païens eux-mêmes. Ceux-ci ne cachent pas leur honte et leur mépris pour ces divinités entremetteuses qui sollicitent tous les bas instincts de la nature humaine par l'exemple de leur impudicité. Le peuple n'entrait pas, comme le philosophe, dans l'interprétation Symbolique

---
[1] Les belles et savantes études de G. Boissier ; *la Religion romaine sous les Antonins* et de Réville : *la Religion sous les Sévères*, me permettent de n'insister que sur les points essentiels de cette question.

des mythes ; il n'en retenait que l'expression figurée et qui frappait ses sens. Le jeune homme de Térence s'autorisait des adultères de Jupiter pour excuser ses entreprises de séduction. Par lui-même le paganisme n'a été capable d'enfanter ni dogme ni morale[2] ; il est indifférent par essence, n'étant que la glorification des forces naturelles et la traduction mythique de ces énergies en action. Certes, quelques intelligences d'élite, à travers la beauté, étaient capables de sentir le divin ; mais l'esthétique sera toujours une base fragile pour édifier une morale. D'une manière générale, on peut affirmer que la moralité et la vertu, qui certes ne firent pas défaut au monde antique, vinrent d'ailleurs, fondées sur des conceptions puisées à des sources toutes différentes.

À cette impuissance du paganisme à formuler les règles d'une morale populaire, il faut joindre les effets désastreux du socialisme d'État (on peut lui donner ce nom), tel qu'il fut pratiqué par les empereurs. On doit se représenter le prolétariat des grandes villes, presque entièrement entretenu et nourri aux frais du trésor, déshabitué du travail, récréé dans les thermes, corrompu par les spectacles, ramené aux instincts les plus bestiaux de la sauvagerie primitive, par les tueries de l'amphithéâtre. On n'a rien trouvé de mieux pour engourdir ses fureurs et ses goûts d'émeute, pour le dédommager de la confiscation des libertés publiques. Sevré des agitations de la politique et du souci généreux de la patrie qu'il n'a plus à défendre, exclu de la religion officielle, qui est un privilège de l'aristocratie, il ne lui reste rien pour alimenter et satisfaire les besoins supérieurs de sa nature, latents dans toute âme humaine. Autour de lui, la richesse du monde entier aboutit à la jouissance scandaleuse de quelques-uns. Jamais l'égoïsme n'a été plus triomphant ni plus avide, la société plus méchante aux petits et aux humbles, la vie plus précaire et plus avilie, que dans le siècle qui suivit l'établissement de l'empire. Mais en même temps, cette détresse qui exaspère la dureté des uns, tourne chez les meilleurs en attendrisse-

---

[2] Aristote, comme d'ailleurs Socrate, séparent comme deux choses distinctes la religion et la morale.

ment, et les âmes, amollies par la souffrance ou brisées par l'épouvante, s'ouvrent soudain à la pitié.

Afin de répondre à ces besoins qu'il soupçonne, Auguste, plus par esprit de gouvernement que par piété — car il partageait l'incrédulité de son temps — avait imaginé de toutes pièces une réforme religieuse. Agrandissant à la mesure du monde conquis le culte de la Cité-Reine, il fonda la religion de l'État, conçu comme une divinité. Dans toutes les provinces, par ordre, s'élevèrent des temples en l'honneur de Rome et d'Auguste ; partout se multiplièrent les collèges et les sacerdoces, et dans les carrefours on proposa à l'adoration populaire les Lares nouveaux. Cette religion administrative, froide et glacée, et qui nous paraît, avec notre manière de sentir, comme le rêve de bureaucrates en délire, n'eut que le succès qu'elle méritait. Elle subsista par la docilité et la crainte, recueillit l'empressement officiel des fonctionnaires, et suscita l'émulation des courtisans ou des provinciaux en quête de sacerdoces lucratifs. Elle n'eut pas, elle ne pouvait avoir les cœurs.

Plus efficace fut l'action de la philosophie grecque, surtout du stoïcisme, qui, transplanté à Rome, devint vraiment pour ses adeptes une discipline morale. Pendant les persécutions qui sévirent sur l'aristocratie romaine, il a formé quelques-uns des plus beaux caractères qui aient honoré l'humanité. Il prit, sous les Antonins, l'allure et la forme d'une religion et prétendit par ses missionnaires et ses prédicateurs à la direction des consciences. Mais lui-même était voué à la stérilité. Même dans le plus élevé et le plus honnête des ouvrages qu'il ait inspirés, dans les Mémoires de Marc-Aurèle, règne l'incertitude dogmatique la plus déconcertante. Le pieux empereur, dans sa sublime sincérité, n'ose affirmer ni l'existence des dieux, ni l'immortalité de l'âme. Le précepte, auquel il revient sans cesse, s'adapter à l'harmonie universelle, se soumettre à l'ordre et aux lois éternelles de la nature, peut bien être en définitive le dernier mot de la sagesse humaine ; mais il est de peu d'usage dans la pratique de la vie, et suppose d'ailleurs, en dehors des nécessités inexorables et élémentaires attachées à la condition mortelle, une connaissance de ces lois, de cet ordre, de cette harmonie, qui échappait aux contemporains de Marc-Aurèle, et sera l'éternel postulat de la science humaine. La prescription suprême de cette philosophie, « faire le bien quand même », quelle que soit notre ignorance des fins de l'homme et le but du *cosmos*, semble bien le cri d'un optimisme désespéré. Rien ne convenait moins aux multitudes, qui ont besoin d'une foi, qui vivent d'espérance et souvent d'illusions.

    Le peuple en effet entendait d'autres voix, allait à d'autres maîtres. L'absence de toute certitude dogmatique le jetait en proie à toutes les crédulités. Jamais le monde n'a vu pareil débordement de superstition, pareille orgie de surnaturel ; jamais tant de devins, de charlatans, d'augures, d'astrologues, de vendeurs de recettes pieuses et d'amulettes, n'ont capté des esprits plus avides et plus faciles à duper. La grossière supercherie d'Alexandre d'Abonotique et de son dieu-serpent pouvait se renouveler tous les jours sans risque de décourager l'empressement des dévots. L'espace se peuplait de démons et de génies dociles aux incantations. Les plus hauts esprits se laissent gagner par cette contagion et ceux qui se targuent le plus de leur incrédulité marquent par quelque endroit qu'ils en ont leur part. Mais cette folie même est le signe d'un travail intérieur, d'une fermentation spirituelle, d'une attente. Des préoccupations nouvelles assiègent les esprits et s'en emparent ; des mots nouveaux circulent. On les entend dans les réunions secrètes, dans les associations des humbles ; on les retrouve gravés sur la pierre des tombeaux. Conscient de sa faiblesse, incertain de sa destinée, troublé par l'inquiétude de la mort, l'homme, au milieu des ténèbres qui l'enveloppent, sent sa détresse ; il implore un *Sauveur* qui le guide dans la vie, l'assiste à l'heure suprême et soit son médiateur au delà de la tombe. Il lui demande le chemin du *salut* et le secret de la *vie bienheureuse*.[3] Il

---

[3] Sur le sens mystique et eschatologique que prennent ces mots de σωτηρ et de σωτηρια, voir G. Anrich ; *Das antike Mysterienwesen*, chap. III, 3, et G. Wobbermin ; *Religiongeschichtliche Studien*, 1896 ; les deux vers fameux des mystères cités par Firmicus Materuus ; *De err. prof. relig.*, 22 :

    Θαρρειτε, μυσται, του θεου σεσωσμενου ;
    Εσται γαρ υμιν εκ πονων σωτηρισ.

souffre de la tare du péché ; non pas seulement de cette déchéance de la dignité personnelle qui résulte du sentiment de la faute commise ; mais de cette souillure radicale et foncière qui vient de l'infirmité originelle de l'homme. Pour la laver et l'effacer, il a recours aux lustrations, aux expiations connues et il en invente de nouvelles. Pour l'atteindre à sa racine et le plus près possible de son origine, l'usage se répand des initiations précoces et multipliées. Des enfants sont initiés en bas âge aux mystères de Samothrace et de Liber, et même à ceux d'Éleusis.[4] L'initiation a cette vertu d'abolir l'homme ancien et de le faire *renaître* de son vivant à une vie nouvelle. Ce terme de *renatus*, qui se rencontre dans saint Paul et dans l'évangile de Jean et qui exprime la situation du chrétien libéré du péché, se lit sur la pierre des inscriptions mystiques du paganisme, et dans le même sens et avec la même acception, dans le onzième livre des *Métamorphoses* d'Apulée.[5]

Ces idées datent de fort loin ; elles viennent directement de Pythagore, des Orphiques, des mystères ; surtout de ceux d'Éleusis. Ils avaient été la grande école de moralité du monde grec. Le siècle qui finit avec Périclès et qui suffit à illustrer pour jamais le nom d'Athènes, en avait été tout pénétré. Plus tard la vogue des mystères s'était ralentie et l'enseignement de la philosophie avait pris sa place, laissant au peuple les rites discrédités des expiations et des lustrations familières. Il leur empruntait cependant et leur phraséologie spéciale et le plus pur de leurs doctrines. Pour Platon, la philosophie est une initiation et le moyen de salut par excellence ; elle mène seule les âmes à, l'époptie, c'est-à-dire à la contemplation du premier principe et à la vision de Dieu ; pour ses

---

À rapprocher les passages d'Apulée ; *Métam.*, XI ; « Nam et inferum claustra et *Salutis tutelam* in dei manu posita, ipsamque *traditionem* ad instar voluntariæ mortis et *precariæ alutis* celebrari », chap. XXI ; « Ad nova reponere rursus *salutis curricula* », chap. V.
Lir. nombr. Inscr. ; *Pro Salure, Pro incolumitate animæ.*
[4] Voir les textes réunis par G. Anrich, *op. cit.*, p. 55.
[5] Apulée ; *Métam.*, lib. XI, cap. 16 et cap. 26 : « Ter beatus qui vitæ scilicet præcedentis innocentia fideque meruerit tam præclarum de cœlo patrocinium, ut renatus quodammodo sacrorum obsequio desponderetur. »

successeurs, qui renchérissent sur son enthousiasme, la connaissance est un mystère, une orgie céleste ; le philosophe un mystagogue et un hiérophante ; le fruit de la connaissance est la *gnose*, c'est-à-dire, la vérité. Et voici qu'à plusieurs siècles d'intervalle, à la faveur du désarroi croissant des consciences, les mêmes idées et avec elles les mêmes expressions apparaissent de nouveau ; leur tradition conservée dans l'âme populaire s'impose à la philosophie qui les avait refoulées ; peu à peu elles dominent tous les esprits.

Les religions orientales profitent presque seules de ce mouvement. Non seulement elles ont conservé le dépôt des révélations premières ; plus rapprochées des origines et de ces temps fabuleux où l'homme vivait dans la familiarité des dieux, elles savent les prières, les formules, les mots qui agissent sur la divinité et la forcent à répondre ; mais par leurs pratiques, l'appareil de leurs cérémonies, la mise en scène de leurs initiations, elles s'entendent autrement que les religions officielles, à troubler les âmes, à secouer les sens, à faire jaillir des cœurs la source longtemps fermée de l'émotion religieuse.

De toutes ces religions concurrentes, laquelle allait donner au monde le Dieu universel qu'il attendait ? Le judaïsme, qui avait joui un instant d'une extraordinaire faveur et qui l'avait méritée par la simplicité grandiose de son dogme et la pureté de ses mœurs, se met de lui-même hors de cause, lorsque après la ruine de Jérusalem et la dispersion, il renonce à la propagande et se cantonne, tout à ses rêves de revanche messianique, dans la citadelle de son *Talmud*. Le charlatanisme et l'impudence de ses *galles* finissent par discréditer le culte de Cybèle, qui ne dure qu'à l'état de basse superstition populaire, ayant d'ailleurs prêté à d'autres cultes ses rites de purification et de rénovation.[6] Restent donc les deux religions d'Isis et de Mithra, qui se maintiennent jusqu'au Ve siècle. Mais la première, toute amollie de tendresse féminine et de maternelle douceur, convient mal pour lutter contre l'ennemi commun, le christianisme, dont l'extraordinaire progrès menace d'une ruine commune tous les dieux étrangers. Elle cède le pas au culte de Mithra, religion de combat autre-

---

[6] *De mysteriis*, chap. III. 10.

ment virile et sévère et qui, dès la fin du IIIe siècle, a fini par absorber en elle et à résumer le paganisme du dernier âge. Elle balance, en effet, un moment, la fortune du christianisme ; « Le monde, a écrit Renan, eût été mithraïste, si le christianisme avait été arrêté dans sa croissance par quelque maladie mortelle. »

Cet antagonisme fait l'intérêt principal d'une étude de mithriacisme. Cependant elle a peu tenté, les érudits. La curiosité est allée de préférence à d'autres formes religieuses, à celles surtout qui ont exprimé l'âme d'un peuple, d'une race, d'une civilisation. Le mithrianisme n'a pas eu cette fortune. C'est une religion composite, constituée des éléments les plus divers, qui s'est adaptée aux milieux les plus différents. Moins originale, elle doit à cette faculté d'adaptation, le caractère d'universalité qui à contribué à son succès. Ajoutons que l'étude en est des plus malaisées, surtout avant que ne fussent dissipées les ténèbres, qui entouraient les langues et les religions des pays où le culte de Mithra prit naissance. Aucun des ouvrages spéciaux de l'antiquité qui traitaient de mithriacisme, ceux d'Eubule, de Pallas, de Kronios, n'est venu jusqu'à nous. Nous n'en connaissons que les fragments épars dans les deux traités de Porphyre[7], les interprétations personnelles de ce philosophe et celles de Celse, les attaques des Pères de l'Église.[8] Les monuments mithriatiques eux-mêmes ont été fort maltraités. On connaît par une lettre de saint Jérôme la destruction du *mithræum* du Capitole par le préfet Gracchus et celle du *mithræum* d'Alexandrie par le patriarche de cette ville. Bien d'autres monuments eurent le même sort. Leurs débris pourtant sont précieux ; ils permettent avec les nombreuses inscriptions relevées en tous pays, d'interpréter les symboles familiers aux adeptes de Mithra. C'est encore là notre source principale d'information. En notre siècle, Lajard a compromis par les hypothèses les plus hasardeuses le labeur de toute une vie consacrée à l'étude de Mithra. À part les planches de son précieux Atlas, quelques pages à peine de son œuvre méritent de rester.

---

[7] Le *De antro Nympharum* et le *De abstinentia*.
[8] Voir surtout Justin Martyr ; *Apologie et Dial. cont. Tryplion* ; Origène ; Contra Cetsurn ; Tertullien ; *Apologie, De baptismo, De corona*, etc. ; saint Augustin, saint Jérôme et Firmicus Malernui ; *De errore profan. religion*.

C'est aussi tout ce qui subsiste de l'ouvrage jadis célèbre de Dupuis, l'*Origine de tous les cultes*, qui eut, l'idée bizarre de faire du christianisme une branche du mithriacisme ; quelque chose comme une hérésie mithriaque. Récemment un professeur de l'Université de Gand, M. F. Cumont, s'est proposé de reprendre la tentative de Lajard. À réuni un grand nombre de textes relatifs à Mithra et publié la collection la plus complète des monuments de son culte. Le commentaire qu'il a promis ne peut manquer de jeter une lumière décisive sur la plupart des points, qui restent encore obscurs, de la doctrine secrète des mithriastes.[9]

---

[9] Nous devons signaler, outre le travail déjà ancien de Windischmann *Mithra*, les études du P. Allard sur le même sujet, et surtout l'excellent chapitre de Réville sur le mithriacisme, dans *la Religion sous les Sévères*.

II
LES ORIGINES

Si nombreuses que soient les greffes qu'ait subies le culte de Mithra, au cours de ses pérégrinations, par toutes ses racines il tient à l'Orient. C'est de lui qu'il a reçu la sève qui a nourri jusqu'à ses derniers rameaux, la forme de ses dogmes, ses symboles, la morale dont il est pénétré. La philosophie et la théologie grecque ont bien pu broder sur ce fond, mais sans l'abolir. Étudier le mithriacisme, abstraction faite de ses origines et comme un produit attardé du syncrétisme occidental, c'est en méconnaître à plaisir la tendance et la portée. Mais ces origines elles-mêmes sont complexes. Il suffit d'un regard jeté sur les monuments mithriaques pour y découvrir à la fois des influences iraniennes et des influences chaldéennes. Le taureau immolé par Mithra, qui occupe le centre de la plupart de ces compositions, est bien le taureau des légendes zoroastriennes ; mais à des signes irrécusables, il est aussi le taureau astronomique de Babylone. Les animaux figurés auprès de lui, le chien, le corbeau, surtout le serpent, sont les animaux de l'*Avesta* ; mais les douze signes du zodiaque, qui ornent le cintre de ces monuments, les sept planètes qui en parsèment le champ, d'autres indices encore manifestent la religion sidérale, qui fut celle de Ninive et de la Chaldée. Les anciens ne s'y sont pas mépris. Ils donnent indifféremment à Mithra l'épithète de Persan et de Chaldéen.[10] Ammien Marcellin, qui accompagna l'empereur Julien sur les rives de l'Euphrate assure que Zo-

---

[10] Citons le vers bien connu de Claudien :
> *Rituque juvencum*
> *Chaldæo stravere magi ;*

et l'inscription en vers de Rufius Ceïonius :
> *Persidicique Mitbræ autistes babylonie templi.*

roastre emprunta aux mystères de la Chaldée une partie de sa doctrine.[11] Il se trompait assurément, mais seulement sur l'attribution de l'emprunt au législateur légendaire des Perses. Car l'*Avesta*, à part le calcul des périodes cosmiques, pendant lesquelles Ormuzd et Ahriman se partagent la domination du monde, ne contient presque aucune donnée astronomique. Parmi les modernes, Hyde et Fréret eurent les premiers le pressentiment de cette double origine. Elle semble aujourd'hui hors de doute, depuis que les textes religieux de la Chaldée, déchiffrés par de patients érudits, permettent des rapprochements et découvrent des analogies, qu'on ne pouvait soupçonner, avant qu'ils ne fussent publiés.

Si l'on connaît aujourd'hui la langue et le texte de l'*Avesta*, on est loin d'être fixé sur la plupart des problèmes que soulève le livre sacré. On n'est d'accord ni sur le temps, ni sur le lieu où le mazdéisme parut. Les uns lui donnent pour berceau la Médie, d'autres la Bactriane ; Eudoxe et Aristote font naître, Zoroastre six siècles avant Alexandre ; Pline le croit antérieur de mille ans à Moïse ; Burnouf place sa naissance vingt-deux siècles avant Jésus-Christ ; ceux-là le font contemporain d'Hystaspe, le père de Darius. J. Darmesteter lui refuse toute réalité et le transforme en un personnage mythique. Enfin Renan ne croit pas que l'*Avesta* ait jamais contenu le code d'un peuple ou d'une race. Et de fait, rien n'est plus malaisé que de situer dans une période historique précise la doctrine du législateur persan. Celle qui convient le mieux, l'époque des Achéménides, paraît devoir être restreinte au règne des premiers princes de la dynastie. Les opinions moyennes et probables, dont Spiegel s'est fait l'interprète le plus judicieux, ont reçu de graves échecs par les conjectures pénétrantes, audacieuses, mais souvent paradoxales, du regretté, Darmesteter.[12]

---

[11] Amm. Marcell, lib. 23. « Cujus scientiæ sæculis priscis multa ex Chaldæorum arcanis Bactrianus addidit Zoroaster, deinde Hystaspes rex prudentissimus Darii pater. »

[12] Voir par exemple, d'une part Spiegel ; Die æranische Allerthümer, 3 vol., et de l'autre ; J. Darmesteter ; *Ormuzd et Ahriman* ; surtout : *Préface à la traduction de l'Avesta* (Coll. du musée Guimet).

Cependant dans ce conflit de doctrines au sujet des antiquités persanes, quelques points peuvent être considérés comme acquis.

L'*Avesta*, dans sa forme actuelle, a été arrêté et compilé sous la dynastie des Sassanides, c'est-à-dire, seulement au IVe siècle de notre ère, avec les débris d'un ancien *Avesta*, en partie perdu ou détruit sous les successeurs d'Alexandre. Il n'en subsiste que des fragments, dont quelques-uns remontent à une époque fort ancienne. Il est écrit en langue *zend*, qui est celle des inscriptions achéménides, alors que, du temps des Sassanides, la langue usuelle était le *pehlvi*.

Par la langue aussi bien que par les mythes et par le nom des divinités, l'*Avesta* se rattache à cette époque pré-arienne, d'où sont issus les Védas de l'Inde. Mais tandis que l'imagination de l'Hindou, dans son inépuisable fécondité, multipliait ses créations et ses genèses divines, le génie plus sobre de l'Iran choisissait dans le trésor commun un mythe central, le drame céleste de l'orage, la lutte de la lumière et des ténèbres, du dieu rayonnant et du serpent de la nuée, et le transposant dans le domaine moral, en faisait la lutte du génie du bien et du génie du mal, représentés l'un par Ormuzd, l'autre par Ahriman. Cette lutte dont la création et l'homme sont l'enjeu, implique, dans le mazdéisme classique, une parité absolue entre les deux antagonistes, égaux en puissance et en énergie créatrice. L'idée métaphysique que le mal pu sortir du bien a probablement présidé à ce partage. Mais, à considérer de près les textes, l'*Avesta* lui-même permet do reconnaître dans Ormuzd un principe d'antériorité et de supériorité. Ahriman n'a pas la prescience de l'avenir ; il subit, mais ne commande pas la destinée. Il a conscience de son impuissance finale. Il est, mais ne sera pas toujours. Sa création même n'est pas originale ; elle est toute d'opposition et de contradiction. Et, si l'on va au' fond de la doctrine, il semble bien que le mal n'entre dans le monde qu'avec la créature.[13]

Ormuzd (Ahura-Mazda) est le seigneur omniscient. Il est l'espace lumineux antérieur à toutes choses et qui les contient toutes. Le ciel est son vêtement brodé d'étoiles, le soleil par lequel il surveille la création. « Il ressemble de

---

[13] Avesta ; Yesht XIII,§§ 77-78.

corps à la lumière et d'âme à la vérité. » Il a créé le monde par son verbe, qui en nommant les êtres, projette hors de lui et insuffle la vie. Il ressemble au Jéhovah de la Genèse. On comprend que les Juifs de la captivité aient cru reconnaître en lui l'image de leur Dieu et fait de son serviteur Cyrus le serviteur de ce Dieu et l'exécuteur de ses desseins, en même temps que le libérateur de son peuple.

Ormuzd s'est donné comme assesseurs les sept *amshaspands*, qui ne sont, au vrai, que les qualités abstraites, émanées de lui. Il semble que l'Iran, obsédé de la toute-puissance de son Dieu, ait été impuissant à donner à ces entités la plasticité de personnes divines. Plus précis et moins inconsistants sont les vingt-huit *izeds*, les génies des éléments, du feu, de l'air, des vents, des eaux courantes. Tout mazdéen leur doit un culte, ses prières et ses adorations. Viennent enfin dans la série des créations divines, les *ferouërs* ou *fravashis*, plus difficiles à déterminer ; ils sont à la fois les types immortels et les idées des choses, et aussi les mânes des êtres qui ont vécu. Ils descendent temporairement s'incarner dans les corps mortels, pour remonter, leur tâche accomplie, à leur patrie céleste. Les livres parsis de la basse époque leur donnent pour séjour les astres et la voie lactée.

Ormuzd a donné à Zoroastre sa révélation, pour qu'il enseigne aux hommes la doctrine de pureté, les paroles et les formules efficaces qui doivent leur assurer la victoire sur le mal. Lorsque les temps fixés seront accomplis et le cycle des douze mille années révolu, il suscitera de la semence de Zoroastre un sauveur, qui réveillera les morts, séparera les bons, achèvera par une expiation suprême la purification des méchants et consommera la défaite et l'anéantissement d'Ahriman.

Mithra est l'un des vingt-huit *izeds*. Il appartient à la plus vieille mythologie arienne. On a pu dire qu'il était un des premiers dieux du paganisme et qu'il en fut le dernier. Dans les plus antiques *Védas*, il est déjà un dieu-lumière, l'assesseur et le compagnon de Varouna. Il fait le bien « par son regard et par le jour qu'il apporte » ; il s'identifie peu à peu avec le soleil. Dans l'Iran, sa fortune est plus éclatante. Dans les parties liturgiques et rituelles de l'*Avesta*, son rôle est encore effacé et de second plan, bien, que son nom soit associé à celui d'Ahura. Mais bientôt sa personnalité se précise et se dégage. Dans le Yesht (acte d'adoration) qui lui est consacré et qui appartient probablement à une époque plus récente, il apparaît avec les premiers linéaments de la physionomie qu'il gardera désormais jusqu'à la fin.

Il a été créé par Ahura, qui l'a fait aussi digne d'honneur que lui-même. Il s'avance au-dessus de la montagne de Hara, sa demeure, précédant la course du soleil, caressant le premier de ses blancheurs les sommets élevés et survivant à la disparition de l'astre. Il est à la fois l'aurore et le crépuscule. Guerrier impétueux, il combat infatigablement les ténèbres et les œuvres de ténèbres. Il a dix mille yeux et dix mille oreilles. Rien ne se fait sur la terre ; qui lui échappe et les plus secrètes pensées lui sont connues. Il découvre et déteste le mensonge ; il est le Dieu de vérité. Seigneur des vastes pâturages du ciel, il distribue la richesse et la fécondité. Il est le gardien des contrats et le garant de la parole donnée ; il préside aux relations de société, aux liens qui unissent les hommes, et assure la stabilité du foyer. Il est l'ami et le consolateur. « Le pauvre, pratiquant la doctrine de vérité, privé de ses droits, l'invoque à, son secours, les mains levées au ciel, lui, dont la voix, quand il se plaint, s'élève et atteint les astres. » « La vache emmenée captive l'appelle à grands cris, pensant à son étable ; que Mithra nous conduise l'étable, comme le mâle, chef du troupeau, marchant derrière nous ! » Il est le médiateur entre les hommes, et le médiateur entre les créatures et le créateur. Il préside au sacrifice, comme le prêtre, et offre le premier le *hôma* dans un mortier émaillé d'étoiles. Quand il prie, sa voix éclatante, qui parcourt la terre, se répand dans les cieux superposés. Après la mort enfin, c'est lui qui aide les âmes à passer le pont fatal, et pèse leurs actions bonnes et mauvaises dans les plateaux équitables de sa justice. Il est déjà le triple Mithra, dieu du ciel, de la terre et de la mort.

Des influences étrangères allaient altérer profondément cette religion si pure et si simple, et modifier surtout la physionomie de la divinité secondaire qui nous occupe.

Quand les vigoureux montagnards de la Perse, adorateurs d'Ahura et de Mithra envahirent la Médie et les pays du Tigre et de l'Euphrate, ils trouvèrent ces contrées en Possession d'une des plus vieilles civilisations du monde, à la fois très savante et très corrompue, et d'institutions politiques et religieuses fortement organisées par un corps de prêtres puissants. Ils en eurent d'abord la défiance et l'horreur ; mais, comme toujours, le vainqueur primitif et barbare se laissa gagner par le vaincu plus raffiné. Cette civilisation était celle de Ninive et de Babylone. Sur les boues fécondes et malsaines des marais de l'Euphrate, il est probable qu'a vécu la première humanité ; l'esprit s'effraie à sonder les profondeurs infinies de ce passé. Sans entrer dans les controverses que soulève la question de ces lointaines et obscures origines, il semble bien que deux races, chacune d'un génie et de croyances différents, aient concouru à cette civilisation. Une première population, ingénieuse et misérable, en proie aux surprises, aux séductions et aux épouvantements d'une nature violenté et généreuse. Elle croit à une multitude de génies malfaisants, aux formes bizarres et monstrueuses, qui s'acharnent sur l'homme, lui envoient la maladie, la peste, les fléaux et la mort sa religion est toute en formules, en incantations déprécatoires, en amulettes et en phylactères ; c'est la magie. De ce foyer s'est envolé sur le monde ce sombre essaim de larves, de lémures, de vampires, d'être fantastiques aux corps composites, qui ont effrayé l'imagination de tous les peuples ; encore aujourd'hui, dans les vieux procès de sorcellerie, se rencontrent des formules magiques dont le sens s'est perdu et qui se retrouvent sur les briques d'Our en Chaldée et de Ninive. Ces peuples cependant deviennent nombreux et puissants ; ils se bâtissent les premières cités, s'asservissent quelques-uns de leurs génies, dont ils se font des dieux protecteurs, ordonnent leur religion, fondée sur le culte des éléments et des forces de la nature. Ils connaissent les arts et inventent l'écriture aux caractères cunéiformes. À ces populations se mêlèrent ou se superposèrent, probablement par la conquête, des Sémites, venus du Midi, Sabéistes adorateurs des astres. Par le travail séculaire des écoles sacerdotales, les croyances s'amalgamèrent, sans se détruire ; les mythologies des dynasties locales se simplifièrent et s'unifièrent ; les dieux anciens se répandirent dans les régions de la voûte céleste. De cette élaboration sortit une religion toute sidérale, comportant des spéculations élevées sur l'âme et sur la destinée, et qui s'accordaient avec un culte très sensuel et une théocratie féroce.

L'astrologie, qui suppose la connaissance du ciel, était la grande affaire de leurs prêtres, la science maîtresse ; par là, ils ont été même avant les Égyptiens, les créateurs de l'astronomie et les vrais maîtres de la Grèce. Eudoxe et Hipparque se sont instruits à leur école. Des hautes tours à étages, qui leurs servaient d'observatoires, au-dessus de la poussière et du bruit des cités, ils plongeaient de leurs regards aiguisés par l'habitude dans les profondeurs sereines du ciel oriental. Ils montraient à Callisthène, envoyé par Aristote, des observations astronomiques enregistrées depuis 1903 années consécutives. Dans les débris de la bibliothèque d'Assurbanipal, recueillis à Ninive, en même temps que des traités de magie et de numération, on trouve des calendriers et des livres d'astronomie, qui montrent cette science constituée dès le temps de Sargon l'Ancien ; des catalogues d'étoiles avec leurs levers et leurs couchers, la notation des phases de la lune, les singularités de la course vagabonde des planètes. Ils savaient calculer les éclipses de lune, peut-être même celles du soleil ; du moins possédaient-ils les éléments nécessaires à ce calcul. Ils pressentirent la précession des équinoxes. Ils fixaient la naissance du monde au moment où le soleil était entré dans le Taureau, et lui assignaient pour fin le moment où le soleil rentrerait dans ce signe.[14]

Le soleil était en effet l'objet principal de leur étude. Ils lui avaient tracé sa voie dans le ciel, compté pour autant de victoires son entrée dans les douze signes, ses hôtelleries célestes, nommé ces signes des vagues figurés ébauchées par les clous d'Or des étoiles, et rattaché à ces signes autant de légendes héroïques. Ils avaient divisé le zodiaque en 360 degrés et réparti méthodiquement les constellations dans ces divisions prolongées sur toute l'étendue des cieux. Ils

---

[14] Voir Jensen ; *Kosmologie der Babylonien.* ; Maspéro : *Hist. des peuples de l'Orient* ;Toul I. *La Chaldée.*

avaient affecté à ces signes leurs douze dieux principaux, dont sept étaient en même temps les dieux des sept planètes, et attribué aux trente-six décans les trente-six divinités inférieures. Mais pour eux le ciel était surtout le livre des destinées ; la manifestation sensible des volontés divines. Des influences constatées ou supposées, du soleil, de la lune, des planètes sur les phénomènes naturels et sur l'homme, ils concluaient à des influences permanentes et occultes, que la science pouvait pénétrer. « En rattachant, dit Philon, les choses terrestres aux choses d'en haut et le ciel au monde inférieur, ils ont montré dans cette sympathie mutuelle des parties de l'univers, séparées quand aux lieux, mais non pas en elles-mêmes, l'harmonie qui les unit, par une sorte d'accord musical. »

Cette civilisation servie pendant des siècles par les armes victorieuses des rois de Babylone et de Ninive, avait pénétré toute l'Asie occidentale. La Médie, la première étape de la conquête persane, en était comme imprégnée. Ecbatane, que vit Hérodote, avait, comme les villes de la Chaldée, sept enceintes aux couleurs des sept planètes. Les mages y dominaient, semblables à ceux de Babylone. La pure religion de la Perse, presque absolument dépouillée d'éléments naturistes ; ne tarda pas à s'altérer par l'infiltration des idées propres aux systèmes religieux de la Chaldée. L'*Avesta*, même dans ses parties anciennes, porte la trace de influences ; non seulement la fixation des périodes de la grande année cosmique, mais le nombre les *amshaspands*, celui des *izeds*, qui répondent au chiffre des planètes et à celui des jours du mois lunaire, en sont le témoignage. Il y eut, il est vrai, des réactions violentes. La plus connue est la révolution politique et religieuse, opérée par le fils d'Hystaspe, Darius, et attestée par la grande inscription de Béhistoun, par le massacre des mages usurpateurs et la restauration dans toute sa pureté du culte d'Ahura-Mazda. Mais jusque dans ce monument du vainqueur se fait sentir l'empreinte des idées et des formes, dont il se flatte d'avoir triomphé. Les caractères cunéiformes de l'écriture, les noms des mois sont chaldéens ; chaldéens et comme détachés des monuments de Babylone sont les génies qui représentent les dieux persans ; toute l'iconographie persane dérive de cette imitation. La bête ahrimanique

que combat le serviteur d'Ahura, appartient à la même origine ; on la retrouve sur ces milliers de cônes et de cylindres exhumés de la poussière des cités mésopotamiennes et qu'on a relevés jusque sur le champ de bataille de Marathon. Le sigle même de la divinité, l'Ahura en buste ceint de la tiare, aux quatre ailes éployées et qu'enserre le cercle, symbole de l'éternité, vient en droite ligne de l'Euphrate, où peut-être il fut importé d'Égypte. La revanche d'ailleurs ne se fit pas attendre ; elle vint probablement des influences de harem si puissantes dans les monarchies d'Orient. La femme de Xercès, Amestris, est toute dévouée au magisme. Elle sacrifie aux divinités infernales et fait enterrer vivants neuf couples de garçons et de filles appartenant aux plus grandes familles de la Perse, pour préparer le succès de l'expédition contre la Grèce. Pareil sacrifice expiatoire se consomme sur les bords du Strymon, au cours de la marche des armées dû grand roi.

Sous Artaxercès Mnémon, s'achève la trahison des dieux nationaux et se consomme la plus grave des altérations que le mazdéisme ait subies par son contact avec l'Assyrie et la Chaldée. Deux des *izeds* avestéens, Mithra le génie de la lumière, Anahîta le génie des eaux courantes et la dispensatrice de la fécondité, sortent tout à coup du second rang, pour apparaître au premier. Tous deux se prêtaient aisément à l'assimilation avec les divinités de Babylone. Mithra, assesseur d'Osmuzd, a détourné peu à peu sur lui la piété et l'adoration des fidèles. Moins lointain que lui, moins métaphysique, moins dégagé de formes et de contours, il est plus près des fidèles, qui le reconnaissent dans l'astre qui les inonde de ses bienfaits. Pareille évolution s'était déjà produite en Chaldée, où le dieu Soleil, Samash, s'était vu substituer peu à peu ses parèdres, Mardouk, Ninip, Nergal et Nébo, d'abord assignés à la garde des planètes et qui bientôt représentent le soleil même, dans chacune des périodes de sa course annuelle. Les caractères même de la divinité persane, tels que nous les avons relevés dans le Yesht consacré à Mithra, nous les retrouvons avec une similitude, qui n'est peut-être pas l'effet du hasard, dans divers fragments d'hymnes chaldéens récemment déchiffrés. — « Soleil, l'arbitre suprême du ciel et de la terre la loi qui enchaîne l'obéissance des pays, c'est toi. — Tu connais la vérité, tu connais le mensonge. Soleil, le seigneur qui développe la vie, celui qui répand la grâce sur le pays, c'est toi. — » Et dans un autre, on lit : — « Toi qui fais évanouir les mensonges, toi qui dissipes la mauvaise influence — des prodiges, des augures, des pronostics fâcheux, des songes, des apparitions mauvaises, — toi qui déçois les complots méchants, toi qui mènes à la perdition — les hommes et les pays qui s'adonnent aux sacrilèges et aux maléfices. » — Pour les Chaldéens, comme pour les Persans, le soleil est donc le dieu de la vérité, l'ennemi du mensonge ; sa lumière éclaire les secrets de la nature comme les replis de la conscience.

Génie des sources et des eaux qui suscitent la vie, Anahîta, dont le nom même est celui de l'Anat babylonienne, devient la déesse nature de la génération, la mère de la fécondité, la lune, conservatoire de l'élément humide, de qui procède toute croissance, pour la terre comme pour les hommes.

Ainsi naît un nouveau couple, conçu sur le modèle des couples babyloniens d'Ishtar et de Mardouk, l'Aphrodite chaldéenne et le dieu solaire et démiurge. Artaxercès le premier, comme en témoigne l'inscription de Suze, l'impose à l'adoration de ses sujets et dresse ses statues à Suze, à Ecbatane, à Babylone, comme à Damas et à Sardes. À leurs temples, qui subsistaient encore au temps des Séleucides, il affecta d'immenses revenus et il attacha au service de la déesse des milliers d'hiérodules des deux sexes, voués aux prostitutions sacrées.

Le culte d'Ahura-Mazda n'est point pour cela délaissé. Les inscriptions achéménides nous le montrent, sous les successeurs d'Artaxercès, associé tantôt à Mithra, tantôt à Mithra et à Anahita. Mais dès lors, il commence à s'effacer et à s'éclipser devant l'éclat de son coadjuteur.[15] Sans jamais disparaître, recule au delà du ciel des planètes et des étoiles fixes, dans le ciel inaccessible de la lumière incréée.[16] C'est à lui encore, comme au dieu suprême, que dans les

---

[15] Strabon dira de Mithra : Ὃν Πέρσαι σέβονται θεῶν μόνον.

[16] Cela ressort nettement du discours de Dion Chrysostome, où ce philosophe traite de la religion des Perses. (*Orat.* 26. *Borysthenica*. M. Dindorf, t. II, p. 309.) V. aussi l'Iriser. d'Antiochus au temple de Nemrud-dagh, et celle de Sahin (Phénicie) : δέω ὑψίστῳ οὐρανίῳ.

derniers monuments du IVe siècle après Jésus-Christ, Mithra médiateur conduit les âmes, monté sur le char solaire. Mais les philosophes seuls le perçoivent et le supposent ; la foule ne s'en préoccupe plus et semble l'ignorer. En même temps, Mithra, distinct du soleil dans les livres sacrés, s'identifie de plus en plus avec lui. De génie de la lumière, il est devenu le foyer lumineux qui anime la nature. Il se confond avec lui, comme chez les Grecs Apollon avec Hélios. Le soleil apparaît comme l'image visible et secourable du dieu ; l'abstraction s'est réalisée en un objet sensible pour tous. C'est ainsi que peu à peu la fusion s'opère entre les religions de la Perse et de la Chaldée. C'est la fête d'un culte complètement sidéral que nous décrit Quinte-Curce, certainement d'après des documents originaux, sous le règne de Darius, l'adversaire d'Alexandre. La procession qui se déroule au soleil levant, nous montre, à la cime de la tente royale, l'image glorieuse de l'astre incrustée dans un bloc de cristal, le feu porté sur des autels d'argent, un cortège de 365 jeunes gens, vêtus de pourpre, égaux en nombre aux jours de l'année, un char consacré à Jupiter (Ormuzd) traîné par des chevaux blancs et suivi d'un cheval d'une grandeur merveilleuse qu'on appelait le cheval du Soleil[17] (Mithra).

Telles sont les altérations qu'a subies la doctrine de Zoroastre. Si donc plus tard, dans les mystères de l'Occident, Mithra nous apparaît dégagé de toute promiscuité féminine, le plus austère dans son culte et dans ses symboles de tous les dieux de l'antiquité, nous sommes conduits à conclure à une séparation violente du dieu perse avec les cultes chaldéens, à une sorte de réforme puritaine, qui ramena Mithra à une partie de la pureté des conceptions avestéennes. Cette réforme, nous n'en connaissons ni le temps, ni le lieu. Elle s'opéra probablement sous la domination des successeurs d'Alexandre, au sein d'une de ces sectes, qui, comme les zerwanistes unitaires, naquirent de la ruine

---

[17] « Otto sole procedunt ; et super regis tabernaculo, unde ab omnibus conspici posset, imago Solis crystallo inclusa fulgebat. Ignis argenteis altaribus præferebatur. Magi patrium carmen canebaut. Magos 365 juvenes sequebantur, puniceis amicutis velati, ad numerum dierum anni. Currum Jovi sacratum albentes vehebant equi : hos eximiâ magnitudine equus, quem sous appellabant, sequebatur, etc. » Quinte-Curce, lib. III, cap. 7.

du magisme, avant la restauration du zoroastrisme, commencée par les Arcacides et consommée par les Sassanides. Anahîta, seule et sans son acolyte, reste la déesse-nature, adorée en Arménie, en Cappadoce et dans le Pont, sous des noms divers. Mithra semble être demeuré le dieu des Parthes, de Tiridate et de Vologèse[18], un Mithra tout persan par les directions de sa morale et le caractère de sa doctrine, chaldéen par la forme de ses dogmes et son symbolisme astronomique.

*
* *

Le commentateur de Stace, Lactantius Placidus a marqué en ces termes les étapes suivies par le culte de Mithra ; « Les Perses ont connu les premiers ses mystères, les Phrygiens les ont reçus des Perses et Rome des Phrygiens.[19] » Il ne nous reste aucun document du séjour de Mithra en Phrygie. C'est la principale lacune de son histoire, et il y a peu d'apparence qu'aucune découverte vienne jamais la combler. S'il ne semble pas que la doctrine du dieu persan se soit altérée au contact des divinités phrygiennes, dont les cultes orgiastiques et sensuels ont peu de rapport avec ceux de Mithra, déjà se manifeste en lui cette facilité singulière à s'adapter aux divers milieux où il se transporte, et à s'apparenter aux dieux étrangers qu'il fréquente. C'est ainsi qu'il emprunte à Attis le costume sous lequel il figurera désormais sur les monuments, les braies flottantes, serrées aux chevilles, la blouse et le bonnet phrygien, distinct de la tiare persane. Il conclut alliance avec Sabazios, le dieu solaire, « le berger des astres brillants[20], » qui déjà, sous le patronage du Bacchus de Thrace, a pénétré jusque dans les mystères d'Éleusis. Son nom gravé se lit sur le taureau mithriaque du Capitole. Dans la fameuse catacombe de Prétextat, un prêtre de Sabazios et un pontife de Mithra (?) dorment dans la paix du même tombeau, fraternellement unis dans la mort.[21] Pareil rapprochement, attesté par les monuments du IVe

---

[18] Vologèse I, l'ami de Néron, est probablement le Valkash qui fit, d'après le Dinkart, réunir le premier les fragments de l'Avesta dispersés (V. Préface de l'Avesta par J. Darmesteter).
[19] « Quæ sacra primum Persæ habuerunt, a Persis Phryges, a Phrygibus Romani. »
[20] *Philosophoumena*, lib. V (169-171).
[21] V. plus loin pour l'interprétation de ce monument.

siècle, s'opère avec le dieu Men ou Lunus, qui ressemble de si près au Chaldéen Sin, le dieu mâle de la lune, représenté, le pied posé sur la tête du taureau.[22] D'ailleurs les deux mythologies, phrygienne et chaldéenne, trahissent des ressemblances sensibles, qui proviennent moins d'une influence réciproque, que de l'action exercée sur toute l'Asie occidentale, pendant des siècles, par la domination assyrienne ; pour marquer cette filiation, les Grecs faisaient d'Attis le fils de Nanna, qui est une déesse de Babylone. Il est possible aussi que, dès lors, le culte de Mithra ait emprunté à celui de Cybèle l'usage du taurobole et du criobole, bien que l'immolation du taureau et du bélier, qui tous deux symbolisent, à deux périodes différentes, l'année zodiacale, fût une coutume générale dans les pays de l'Euphrate. Enfin le pin, emblème d'immortalité, qui garde en hiver sa verdure, et qu'on promenait pendant les lamentations d'Attis, devient un des accessoires figurés du sacrifice mithriaque.

De Phrygie, le culte de Mithra gagna les côtes de la Méditerranée. Il était le dieu principal des pirates que Pompée poursuivit dans leurs retraites de Cilicie. Les légions le rapportèrent de Tarse, la vieille colonie assyrienne, et par elles il fit son entrée dans Rome.

Ce point d'attache du culte occidental de Mithra avec l'Orient n'est pas indifférent. Tarse passait pour une des villes les plus anciennes du monde. Ses traditions lui donnaient pour premier fondateur le héros Sandan et Hercule ou Persée. Plus tard, le monarque assyrien Sennachérib l'avait de nouveau conquise ; elle se réclamait aussi de ce second fondateur. Tous les cinq ans, en l'honneur du dieu national Sandan, se célébrait une fête fameuse qu'on appelait « la fête du bûcher », Dion Chrysostome en parle longuement dans le discours ou panégyrique qu'il prononça à Tarse même. Ce Sandan, qui est le même personnage que le dieu national des lydiens Sandan, n'était autre que l'Hercule assyrien et le dieu du feu, d'où par conséquence, le soleil. Bérose rapporte que les Babyloniens connaissaient une divinité de ce nom, et Oppert

---

[22] L'épithète de *Menotyrannus* donnée à Mithra est fréquente dans les inscriptions.

le désigne comme une épithète de Ninip, un des parèdres de Samash. Aucun doute n'est donc possible sur ses origines.

L'épisode principal des fêtes sacrées de Tarse était fourni par la mort de Sandan, dont l'image était brûlée sur un bûcher de forme particulière, dont les médailles de la ville reproduisent le type. C'était un pirée gigantesque, en forme de pyramide reposant sur une base carrée. À l'intérieur, Sandan est dressé debout, les pieds posés sur un lion, dans l'attitude même que certains monuments de l'Occident ont conservé à Mithra. Au faîte du bûcher, un aigle ouvre ses ailes. C'était l'âme du héros, qui, purifiée par le feu de ses souillures mortelles, s'envolait vers le ciel, pour s'unir au soleil. Avec, quelques variantes, on retrouve le même type en diverses villes d'Asie, de Syrie et de Phénicie. Sur ces médailles, l'aigle est quelquefois remplacé par un quadrige qui emporte vers les astres l'âme ou le double du dieu. À Tyr même, on fêtait, à la date du mois Péritius, répondant au 25 décembre du calendrier romain, qui sera la date des *natalitia* de Mithra, le réveil (ἔγερσις) ou la renaissance de Melchart. Il s'agit donc bien d'une fête de purification et de résurrection ou d'apothéose.[23] Ses rites mêmes furent empruntés plus tard par les Romains pour la consécration des empereurs.[24] Or c'est la même doctrine d'expiation pour l'âme, de résurrection et d'immortalité qu'enseigne Mithra dieu de lumière comme Sandan.

Le culte de Mithra végéta d'abord obscurément à Rome. Le premier monument qui le signale est une inscription de Naples, du temps de Tibère.

Néron lui fait accueil et demande, dit-on, à ses mystères l'expiation de son parricide. Il se lie d'amitié avec les souverains parthes, et reçoit leurs ambassa-

---

[23] Sur le culte de Tarse, Voir Ottf. Müller. *Sandan and Sardanapal* ; R. Rochette ; l'Hercule assyrien, *Mém. de l'Ac. Insc. et B. L.* Tom. XVII IIe. F. Lenormant : *Commentaire sur Bérose* p. 110 et 145 Dion Chrysostome : *Orat.* 33.

[24] Hérodien IV, 3 « Quand l'image en cire qui surmontait le bûcher de l'empereur défunt était sur le point de disparaître, sous l'action de la flamme, on voyait au faîte de cet édifice un aigle s'élancer dans les airs. Les Romains s'imaginent qu'en lui plane et s'élève vers le ciel l'âme de l'empereur. »

deurs qui célèbrent à Rome ouvertement leur culte.[25] On sait que la légende longtemps populaire voulait que le césar, échappé à ses meurtriers, eût trouvé un refuge dans le royaume de l'Euphrate, d'où il devait revenir avec ses alliés pour se venger de ses ennemis. Le culte de Mithra est florissant sous Trajan. Adrien l'interdit un moment, à cause des scènes cruelles qui passaient pour ensanglanter ses cérémonies. Commode se fait initier et se souille au cours des épreuves d'un homicide qui fait scandale.[26] Avec les empereurs syriens se répand la vogue des cultes solaires. Elagabal, le prêtre syrien couronné, prétend subordonner au dieu d'Emèse toutes les divinités de l'empire, préludant à un syncrétisme prématuré, qui, dans sa pensée, devait embrasser le judaïsme et le christianisme.[27] Mais c'est surtout d'Aurélien que datent l'extension et l'immense popularité de Mithra. Né en Pannonie, d'une prêtresse du Soleil, élevé par sa mère dans le temple, il est envoyé comme ambassadeur en Perse. Au cours d'un festin, il lit dans le relief d'une coupe consacrée à Mithra la promesse de sa grandeur future. Plus tard, empereur, vainqueur de Zénobie, il transporte à Rome le dieu solaire de la cité palmyréenne ; reprenant la tentative d'Élagabal ; cette fois avec succès, il unit dans une même adoration et dans un même temple tous les cultes du soleil. Au nouveau Dieu, il consacre l'empire, et pour la première fois, sur les médailles et sur les monuments, se lit, avec l'emblème de l'*invictus*, cette formule ; *Sol, dominos imperii Romani*.[28] Ce Dieu n'a pas de nom patronymique, rien qui rappelle une origine particulière dévotion spéciale d'un peuple. C'est Sol, le dieu invincible, dont les ténèbres de la nuit et de l'orage ne peuvent triompher, que les siècles ne diminuent pas ; le dieu certain (*certus sol*) dont la réalité vivante et agissante éblouit l'univers. Mais à cet anonyme la faveur populaire attache un nom, celui du dieu persan,

---

[25] Le Parthe Tiridate initie à Rome Néron. Voir Pline, *Hist. Nat.*, cap. 30, et Dion Cassius, Lib. IV, ch. 63. Voir aussi Suétone : « Quin et facto per magos sacro evocare manes et exorare tentavit. »
[26] Lampride ; *Vita Commodi*, cap. 9.
[27] Lampride ; *Vita Heliog.*, cap. 3.
[28] Fl. Vopiscus ; *Aureliani vita*, cap. 4, 14, 25.

dont les mystères se répandent en raison même du succès des cultes solaires. Sol et Mithra, comme l'attestent les inscriptions, ne sont plus désormais qu'une même divinité. C'est celle de Dioclétien, de Constance-Chlore, des derniers empereurs ; c'est celle aussi de Constantin, dont les monnaies portent l'emblème de l'*invictus* et qui longtemps hésita entre Mithra, et le Christ. C'est surtout le dieu de Julien, voué dès sa jeunesse à Mithra, dont il fait le conseiller et « le gardien de son âme.[29] » Le monothéisme latent, que porte en lui le paganisme, trouve sa formule dans le traité que l'impérial écrivain intitule ; le Roi Soleil.[30]

---

[29] Julien ; *Conivium*, 336 : Πεισμα και ορμόν ασφαλη ζωντι...... μετά της αγαθης ελπίδος ηγεμονα θεον εύμενη καθιστάς σεαυτω.

[30] Je renvoie pour la diffusion du culte de Mithra sous l'empire au livre de J. Réville ; *la Religion sous les Sévères.*

III
LA DOCTRINE

L'initiation mithriaque était donnée dans des grottes naturelles ou artificielles. « Zoroastre le premier, écrit Porphyre, consacra en l'honneur de Mithra, créateur et père de toutes choses, un antre naturel dans les montagnes voisines de la Perse, arrosé par des sources, couvert de fleurs et de feuillages. Cet antre représentait la forme du monde, créé par Mithra.[31] À l'intérieur étaient disposés çà et là les symboles des éléments cosmiques et des climats. Après Zoroastre, l'usage persista d'initier et de célébrer les mystères dans des antres ou des cavernes. » Il ajoute que dans cet antre, dont la description est empruntée à Homère, habitent des Naïades ou des Nymphes qui représentent les âmes fiancées à des corps mortels. C'est là une description assez exacte de la grotte mithriaque, telle que des fouilles récentes nous l'ont révélée. Mais il n'est question dans l'*Avesta*, ni de grottes, ni de nymphes, ni de l'appareil astronomique, dont nous parle Porphyre. Bien au contraire, nous savons par Hérodote et Strabon que les Mazdéens proscrivaient les temples et sacrifiaient à leurs dieux sur le sommet des montagnes. Mais nous saisissons en cet usage la survivance d'une des plus vieilles traditions des religions orientales. La grotte, image du monde créé, avec le foyer qui l'éclaire, symbole du soleil, se retrouve dans le culte de la Cybèle Phrygienne et dans les vieux cultes de la Grèce, en Crète et en Arcadie.[32]

Ces antiques souvenirs trouvent un écho dans Platon, qui dans un mythe célèbre, représente le monde terrestre comme une caverne. Les Chaldéens affectaient de donner à leurs tours prismatiques la forme de montagnes, creusées

---

[31] Porphyre ; *De antro Nymph.*, cap. 6-8 : Σύμβολον τῆς ὕλης ἐς ἧς ὁ κόσμος.
[32] Porphyre lui-même signale ces ressemblances.

de chambres à la base, et pour eux le même terme traduisait le temple et la terre. Pareille conception s'imposait aux Égyptiens dans la construction de leurs pyramides, où le mort vivait sa seconde existence. Enfin les Étrusques et les Latins eux-mêmes avaient la prétention dans le plan et dans l'orientation de leurs temples, de reproduire l'ordre et la disposition de l'univers. En sorte que la grotte mithriaque est simplement le temple sous sa forme la plus primitive.

L'exactitude des assertions de Porphyre a d'ailleurs été surabondamment prouvée par les fouilles qui ont mis au jour les nombreux sanctuaires du culte mithriaque. Ces grottes, dans les villes, sont presque toujours artificielles et ressemblent à des caves voûtées, auxquelles on accède souvent par de longs corridors souterrains. Les plus connues et les mieux explorées sont celles du Mithræum du Capitole, celle d'Ostie et celle de Saint-Clément. Toujours s'y rencontre la source, signalée par Porphyre, comme élément essentiel du culte et qui servait aux lustrations rituelles. Les Chrétiens du IVe siècle ne manquaient pas de s'égayer aux dépens d'une secte qui cherchait le soleil sous la terre ; ce roi des ténèbres, qui pouvait-il être, sinon Lucifer, prince du mal[33] ?

Le Mithra des mystères reçoit le nom de *petrogenès*, d'*invictus de petrâ natus*, de τρεός ἐκ πέθας. Il est difficile d'en donner une raison satisfaisante. A-t-on voulu exprimer par là l'éclair des rayons naissants à l'aube au sommet des montagnes et qui semble jaillir des rochers ? On peut le croire, puisque le *petrogenès* est souvent représenté sur les monuments par une figure radiée en buste se dégageant d'une gaine rocheuse. Peut-être voulait-on plutôt expliquer par là l'origine du feu, qui sort en étincelles du choc de la pierre.[34] Il est curieux que les plus vieilles religions de l'Asie rendaient un culte au soleil sous la

---

[33] Quid quod et Invictum spelæa sub antra recondunt,
Quemque tegunt tenebris audent hunc dicere solem,
Quis colat occultè lucem, sidus que supernum
Celet in infernis, nisi rerum causa malarum ?

Paulin de Note : *Op. Ed. Veron*, p. 703. Rossi (*Bullet.* 1868, p. 57) cite ce fragment.... Qui docuit sub terrâ quærere solem.

[34] C'est l'explication que donne Lydus : *De mens*, III, p. 43 : διὰ τὸ τοῦ κέντρον.

forme d'un cône de pierre. La pierre noire d'Émèse, emblème de Baal, dont Élagabal fut le prêtre, fut par lui transportée à Rome, quand il y vint pour exercer l'empire. Ce cône de pierre, la *petra genitrix*, se retrouve aussi dans plusieurs des *mithræa* explorés de nos jours.[35]

C'est encore aux plus anciennes traditions religieuses de l'Orient qu'il faut remonter pour rendre compte de l'épithète de βουκλόπος, voleur de bœufs, que donne Porphyre à Mithra et que répètent à l'envi, dans une intention ironique, les auteurs chrétiens.[36] Comme le dieu solaire des hymnes védiques, Mithra chasse devant lui les nuages qui sont les vaches célestes. Dans l'Avesta, il est toujours le dieu des vastes pâturages. Il ramène à l'étable les troupeaux égarés. Il les arrache au serpent de la nuée qui les détourne ; il frappe l'ennemi, il délivre les prisonnières, qui déversent alors leurs pluies nourricières sur le sol altéré.[37]

C'est ici le lieu d'indiquer les traits principaux du tableau mithriaque, tel qu'il était représenté en relief sur la pierre dans tous les sanctuaires du dieu persan. Les artistes se sont efforcés d'y tracer les principaux symboles du culte et de la doctrine, à ce point, que si nous savions les déchiffrer et entrer dans leur esprit, le culte de Mithra n'aurait plus de secrets pour nous. Mais d'une part l'indécision des formes et des figures, qui vient autant des maladresses du sculpteur que de la dégradation du temps, de l'autre notre ignorance de bon nombre de ces emblèmes et des croyances qu'ils recouvrent, ne nous permettent guère que de pénétrer à la surface du mythe et laissent pour nous dans l'ombre bien des points encore inaperçus.

---

[35] Rossi, *Bullet.* 1870, *Le mithræum de Saint-Clément.*
[36] Porphyre, *De antro Nymph.* 24 ; Commodien, *Instruct.* I, 13
    Vertebatque boves alienos semper in antris
    Sicut et Cacus, Vulcani filius...
Firmicus, *De errore prof.* ; « Virum abactorem boum », etc., etc.
[37] M. Bréal dans son livre célèbre, *Hercule et Cacus* a montré l'origine de cette légende et comment elle s'est répandue et transformée dans les diverses mythologies. Voir aussi J. Darmesteter ; *Études iraniennes*, tome II, p. 193.

On peut distinguer trois représentations différentes de Mithra. Le Mithra égorgeant le taureau, le plus connu et le plus répandu de ces types, n'est peut-être pas le premier. Je croirais volontiers que le type le plus ancien nous est donné par le monument de la villa Altièri, figurant Mithra debout, en costume phrygien, les pieds sur le taureau. C'est l'attitude que semble décrire Porphyre et que précise Macrobe, quand il dit qu'à l'équinoxe vernal, le taureau porte le soleil. Si l'on veut se reporter aux innombrables cônes et cylindres recueillis dans la poussière de la Mésopotamie, on remarque que la divinité solaire y est très fréquemment figurée debout sur l'animal, qui symbolise le signe représentatif du Dieu. C'est en particulier l'attitude habituelle donnée dans ces intailles à la déesse Ishtar, debout sur le taureau ou le lion. Si l'on veut bien aussi se reporter aux types des médailles de Tarse et se souvenir que c'est de cette ville que le mithriacisme vint à Rome, on sera frappé de la ressemblance, pour ne pas dire de l'identité, que présente avec le Mithra de la villa Altieri, le dieu Sandan, debout sur le bûcher qui doit le consumer.[38]

On connaît plus de vingt représentations de Mithra, sous la figure d'un homme à tête de lion ou à masque léonin, enlacé dans les replis d'un énorme serpent. Montfaucon le premier, et après lui Visconti, ont reconnu dans ce type étrange le dieu persan. Au commencement de ce siècle, le danois Zoéga, suivi par toute une école d'archéologues, contesta cette attribution et baptisa le léontocéphale du nom vague d'Éon, un de ces génies que les gnostiques d'Orient interposent entre l'infini et la création. L'attribution à Mithra paraît cependant des plus vraisemblables. Le commentateur de Stace, Lactantius, fait allusion à deux des types du dieu persan, dont l'un au visage de lion (*leonis vultu*). Les attributs du léontocéphale se rapportent assez exactement aux symboles à la fois astronomiques et moraux, qui s'étalent plus abondamment autour du type du tauroctone. Le lion représente le soleil dans le signe qui répond à l'ardeur de l'été, comme le taureau le représente dans celui qui répond au printemps ; le premier étant le symbole du principe igné, comme l'autre

---

[38] R. Rochette, *Acad. Inscr. et Belles-Lettres*, t. XVII. Voir Pl. IV, nos 1 à 6, 8, 10, 17.

celui du principe humide. Le serpent est à la fois l'ennemi mythologique du soleil, à toutes les périodes de sa course et le génie du mal dans les livres du parsisme. Il tend la tête vers le cratère, qui est auprès du dieu, comme pour épuiser la source de vie qui alimente l'univers créé.

Entre les replis du serpent et sur le torse du monstre divin, sont distribués les signes du zodiaque, tout au moins les quatre principaux ; les deux équinoxes et les deux solstices, figurés par le Cancer et le Capricorne, le Bélier et la Balance. Il tient à la main tantôt une clef, tantôt deux, percées de trou. Que peuvent être ces clefs, sinon celles des deux portes des âmes ; celle du Capricorne qui ouvre l'accès du ciel, si la clef est unique ? Tous ces faits répondent bien à la doctrine mithriaque. La présomption se change en certitude, si l'on se rappelle que dans le mithræum de Saint-Clément la figure du léontocéphale est peinte sur les fresques des salles, et que, dans celui d'Ostie, la plus connue et la mieux conservée des images de ce type fut découverte au fond du sanctuaire, en même temps que celle du type du tauroctone. Sur les deux compositions se lit, avec la date de la consécration, la dédicace du même donateur, Caïus Valerius Hercules. Le léontocéphale nous paraît donc représenter Mithra, sous l'un des aspects de sa vie solaire, comme les Phéniciens représentaient leur Baal.

Le plus souvent, c'est sous la figure du, tauroctone que Mithra nous apparaît. (Quelquefois, comme à Felbach (Wurtemberg) le bélier se substitue au taureau comme victime du sacrifice). Il passe pour avoir emprunté l'attitude de la Victoire égorgeant le taureau, qu'il rappelle en effet presque trait pour trait. L'emprunt n'en reste pas moins douteux, le Mithra et la Victoire paraissant procéder l'un et l'autre d'un type commun, une Aphrodite asiatique sacrifiant la bête qui lui est consacrée.

Dans le tableau mithriaque, le dieu coiffé du bonnet phrygien (*Pileatus*), vêtu du costume d'Attis, dans un élan qui gonfle derrière lui les plis de sa tunique flottante, appuie du genou sur le flanc du taureau ; d'une main il saisit la corne de la bête ou lui relève le mufle vers le ciel ; de l'autre, il lui plonge un poignard dans le cou, d'où dégoutte un ruisseau de sang. À droite et à gauche du tauroctone se tiennent debout deux génies dadophores, l'un tenant son flambeau levé, l'autre le tenant abaissé vers la terre ; ils représentent le jour et la nuit, le printemps et l'hiver, la vie et la mort ; peut-être aussi, ce qui revient d'ailleurs au même, les deux équinoxes, entre lesquels, selon le texte de Porphyre, est la place de Mithra.[39]

Autour de ces figures sont disposés les animaux de la légende mithriaque ; animaux symboliques, qui comportent presque tous une double acception, astronomique et morale. C'est le serpent, la couleuvre d'Ahriman, l'ennemi de la création d'Ormuzd, en qui Macrobe voit aussi la ligne onduleuse que suit le soleil sur l'écliptique ; le chien, l'ami le plus précieux qu'Ormuzd ait donné à l'homme, son auxiliaire dans la lutte contre le mal, et qui est encore la constellation qu'on appelle le paranatellon du Taureau ; le Scorpion, un des êtres malfaisants que suscita la création d'Ahriman ; est le signe céleste qui présage la mort de la nature ; le Corbeau « qui s'en va tout joyeux à l'instant où l'aube perce, désirant que la nuit ne soit plus la nuit et que le monde sans aurore ait l'aurore »[40] ; et qui donne eu même temps son nom à l'une des constellations du printemps.[41] Aux pieds de Mithra est placé le cratère, qui, d'après Porphyre, symbolise la source de vie, et qui lui aussi figure dans les groupes stellaires. Il est en relation avec le Serpent et avec le Lion.

Très souvent au-dessus du Sacrifice, et au cintre de la grotte, se déploient les signes du zodiaque. Au-dessus encore et au fronton du monument, sont représentés, à droite et à gauche, le soleil et la lune, tous deux en buste, l'un avec l'auréole radiée, l'autre avec le croissant ; souvent aussi le premier s'élançant de l'Orient sur un quadrige, la seconde s'inclinant vers l'Occident sur un bige. Entre les deux, cinq pirées qui sont les cinq planètes. Les pirées

---

[39] Cumont croit que c'est à ces dadophores que s'appliquent les noms de Cautes et de Cautopates, qu'on lit sur quelques monuments. Rossi pensait que ce sont des épithètes, au sens d'ailleurs inconnu, qui s'appliquent à Mithra.
[40] Avesta Yescht XIV, 20.
[41] On constate la rareté du coq et de l'aigle qui sont les oiseaux sacrés par excellence de l'Avesta.

sont souvent séparés par des pins, dont le feuillage constant est symbole d'immortalité.

À mesure qu'on approche de la fin du IVe siècle, la composition mithriaque se complique et se charge d'accessoires, de scènes variées et confuses. Dans plusieurs monuments, des deux côtés du tableau du sacrifice, s'étagent une série de compartiments qui représentent probablement des scènes d'initiation et d'épreuves. En quelques autres, la composition paraît divisée en trois registres ; celui du milieu le plus considérable reste toujours consacré au Tauroctone ; le registre supérieur flanqué des images du Soleil et de la Lune semble représenter le ciel des bienheureux, avec les figures du Sagittaire, du Capricorne, peut-être aussi celles des planètes sous la forme des divinités hellénique et romaines ; le registre inférieur semble vouloir dépeindre des scènes d'outre-tombe ; banquet des bienheureux, délivrance par Mithra, monté sur son char lumineux, des coupables qui expient, enlacés par l'esprit du mal. L'ensemble de la composition répond au triple domaine sur lequel règne Mithra, dieu du ciel, de la terre et des enfers.[42]

Les mystères de Mithra, comme en général tous les mystères de l'antiquité, avaient pour objet d'expliquer aux initiés le sens de la vie présente, de calmer les appréhensions de la mort, de rassurer l'âme sur sa destinée d'outre-tombe, et par la purification du péché, de l'affranchir de la fatalité de la génération et du cycle des existences expiatoires. Cette libération s'opère par l'entremise d'un dieu psychopompe et sauveur, qui lui-même a passé par l'épreuve, subi *une passion* et traversé l'éclipse d'une mort passagère pour revivre jeune et triomphant.[43]

---

[42] Voir les monuments de Sarmiztegætusa et d'Apulum.

[43] C'est le sens très clair des deux vers déjà cités, prononcés par le prêtre aux mystères d'Adonis :

Θαρρεῖτε μύσται, τοῦ θεοῦ σεσωσμένου.
Εσται γὰρ ὑμῖν ἐκ πόνων σωτηρία.

C'était le dogme fondamental des mystères d'Éleusis et le sens mystique de la *cathode* et de l'*anode* de Cora, arrachée aux bras de son ravisseur Hadès et rendue à la lumière, en même temps qu'elle ramène pour la nature les floraisons du printemps ; symbole emprunté à la métamorphose du grain de blé, qui pourrit de longs mois dans le sol, avant de surgir en pousse verdoyante et en épi jaunissant. Plus tard, sous l'influence de l'orphisme et des religions venues de Thrace ou d'Égypte, la légende de Cora se complique et s'enrichit de développements nouveaux. À l'Hadès primordial se substitue Bacchus, l'époux mystérieux de Déméter ; le principe de vie se dédouble et se constitue de deux éléments, masculin et féminin. De leur union naît l'enfant sacré, Iacchos ou Zagreus, le Dieu ἐπί τω μαστω, le guide des initiés, le médiateur des âmes, le gage de leur rédemption et de leur immortalité. Tel est aussi le sens, dans les Dionysies et les mystères de Liber, de la passion (τὰ παθήματα) et de la résurrection de Dionysos. Déchiré par les Titans, qui sont esprits du mal, ses membres dispersés, à l'exception du cœur saignant qui est recueilli par Pallas, il est ranimé par Zeus et renaît en une apothéose définitive. Il est, pour les mystes, le principe de la force immortelle et libératrice qui circule dans la nature, et de la vie qui naît de la mort ; comme du sarment de vigne desséché par l'hiver, émondé par le ciseau, sort, sous la poussée de la sève, le bourgeon verdoyant, qui porte les promesses de l'automne.

Les mystères Orientaux s'inspirent des mêmes doctrines et visent aux mêmes enseignements, s'il est vrai que c'est d'eux qu'ils sont parvenus aux sanctuaires de la Grèce. Dans la légende d'Adonis, dont celle d'Attis n'est qu'une variante, les femmes de Syrie déplorent en leurs lamentations le jeune berger, la grâce du printemps et l'amant d'Astarté, tranché dans sa fleur par le boutoir de la bête qui symbolise les frimas, puis ranimé et rendu à la déesse, au milieu des transports d'une joie frénétique, qui s'accompagne de délirantes orgies. Plus sobre, plus savant, pénétré d'une plus haute inspiration religieuse,

---

Et Firmicus Idaternus à cette citation ajoute ; « Habet ergo diabolus christos suas », cap. XXIV.

se déroulait le mythe d'Osiris dans les sanctuaires d'Abydos et d'Héliopolis. Symbole du soleil et de la vie qui en émane, Osiris meurt chaque soir à l'occident, pour renaître chaque matin en la gloire d'Horus ; pendant son éclipse apparente il parcourt les royaumes de la mort, l'Amenti ; il y guide les âmes échappées à l'existence terrestre ; il leur enseigne par quelle voie de purification, par quelles épreuves elles doivent passer, avant de pouvoir, allégées de toute matérialité, aborder sur la barque, solaire aux royaumes de la lumière. Et c'étaient, avec d'autres symboles, les mêmes consolations et les mêmes espérances que suggéraient aux initiés l'*anabase* et la *calabase* mithriaques. Semblable à l'Osiris égyptien et à l'Iacchus d'Éleusis, c'était Mithra psychopompe, qui leur enseignait les voies de la perfection et de la libération de l'âme, les soutenait par son exemple dans les épreuves, qui leur ouvrait, au terme de l'expiation, le seuil de la vie bienheureuse.

Tous ces mystères supposent un ensemble de doctrines sur l'origine spirituelle et immortelle de l'âme, sa déchéance et son rachat. Il serait intéressant d'en rechercher la genèse et de remonter à leur source première.[44] Les Grecs eux-mêmes, presque sans exception, en reconnaissaient la provenance orientale. Ils en attribuaient l'importation à Pythagore, qui passait pour les tenir directement ou par l'intermédiaire de Phérécyde de Scyros, des sanctuaires d'Égypte et de Chaldée. De fait, elles sont absolument étrangères à la religion d'Homère, et n'ont rien à démêler avec ses dieux enivrés de leur force et enchantés de leur beauté, qui ont si intimement pénétré l'art et la poésie helléniques. Sans doute la croyance à un principe immortel dans l'homme, à la survivance de l'âme, est en germe dans le culte des morts et des héros, commun à presque toute l'humanité ; mais combien vague, imprécise et flottante, avant que les mystères ne l'aient formulée en dogme religieux et que Pythagore et

---

[44] Voir entre beaucoup d'autres ouvrages ; J. Girard, *Le sentiment religieux en Grèce* ; Th. Weil, *De l'immortalité de l'âme chez les Grecs* (*Journ. des savants*, sept. 1895) ; Rhode, *Psyché*.

Platon n'aient tenté d'en donner la démonstration philosophique.[45] Dans Homère et jusque dans Pindare, il ne s'agit guère que d'une immortalité d'exception et d'adoption, objet d'un privilège des dieux, d'une immortalité aristocratique. Quant à la vie d'outre-tombe elle leur apparaît misérable et désolée. Qu'on se rappelle l'enfer de l'*Odyssée* et ces ombres exténuées, sans consistance et sans conscience, qui ne recouvrent un moment le sentiment et le souvenir, qu'après s'être abreuvées du sang chaud et fumeux des victimes, et qui soupirent, lamentablement vers la vie qui les a quittées. Tous les peuples de l'Orient, à un certain moment de leur évolution, ont passé par des croyances presque identiques. On connaît le *scheol* hébreu « qui ne rend pas ses morts ». L'Aralou chaldéen est un « lieu où les morts n'ont que la poussière pour leur faim, la boue pour aliment, où ils ne voient pas la lumière, où les ombres, comme des oiseaux de nuit, remplissent la voûte ». Les plaintes du *double* égyptien, dans la *terre de l'Occident*, sont aussi expressives de l'amer regret de la vie. « L'Occident est une terre de sommeil et de ténèbres lourdes, une place où les habitants, une fois établis, dorment en leur forme de momies, sans plus s'éveiller pour voir leurs frères, sans jamais plus apercevoir leur père et leur mère, le cœur oublieux de leurs femmes et de leurs enfants. L'eau vive que la terre donne à quiconque vit sur elle, n'est plus ici pour moi qu'une eau croupie et morte... Qu'on me donne à boire de l'eau qui court ; qu'on me mette la face au vent du nord, sur le bord de l'eau, afin que la brise me caresse et que mon cœur eu soit rafraîchi de son chagrin.[46] »

Mais l'Égypte et la Chaldée ne s'en sont pas tenues à ces conceptions rudimentaires. Bien avant la Grèce, qui devait hériter de leur sagesse, elles ont de ces données encore grossières, fait sortir quelques-uns des mythes grandioses qui ont consolé et réconforté l'humanité. Je rappelle seulement que l'Égypte, pour qui la mort fut la grande affaire de la vie, a conçu dans les sanctuaires

---

[45] Pausanias, lib. IV, 32 ; Maxime de Tyr ; *Dissert.*, 16 : « Primus Pythagoras Satnius inter Græcos dicere ausus est interiturum esse corpus suum, animam vero mortis immunem seniique evolaturam esse ; prius quam enim huc veniret, exstitisse olim. »
[46] Trad. *Maspero*.

d'Abydos et popularisé le mythe de l'Osiris infernal, qui semble bien avoir passé de là à Éleusis. La Chaldée et la Perse, qui nous intéressent de plus près, connurent aussi l'enseignement consolateur d'un dogme d'immortalité pour l'âme. « Les Chaldéens les premiers, écrit Pausanias, ont dit que l'âme de l'homme est immortelle.[47] » Si nous ignorons à peu près tout de la doctrine morale des prêtres de Babylone et de Ninive, du moins a-t-on recueilli et déchiffré assez de fragments de leurs légendes mythologiques, pour pressentir les promesses et les espérances que la religion offrait aux hommes pieux et braves. Le sombre royaume d'Allat, préservé par ses sept enceintes, n'était pas irrémédiablement clos. La volonté des dieux pouvait l'ouvrir à quelques mortels privilégiés. La déesse Istar put y descendre, et non seulement réussit à en sortir, mais elle y puisa, à la source de vie, l'eau bienfaisante, l'eau de Jouvence, qui devait arracher à la mort son amant Thammouz et lui garder une jeunesse éternelle. Une pensée philosophique profonde mettait ainsi au sein même de la mort une promesse d'immortalité, dans l'enfer morne et désolé une éclaircie vers le ciel des bienheureux. Si difficile que soit l'accès de cette source, gardée par les génies, pour malaisé qu'il paraisse d'arracher aux grands dieux le décret particulier qui laisse échapper une âme de sa prison, il faut croire qu'avec le temps leur volonté faiblit et que leur humeur fut plus bienveillante. Un hymne à Mardouk l'appelle « le miséricordieux, qui relève les morts à la vie » ; à un monarque assyrien ses sujets font ce souhait ; « la région qui brille comme l'argent, les autels splendides, le bienfait de l'état de bénédiction, parmi les banquets des Dieux, et les jardins bienheureux dans leur lumière — qu'il les habite, la vie joyeuse dans le voisinage des dieux qui habitent l'Assyrie[48] ! »

Dans le récit chaldéen du déluge, rappelons l'île fortunée où les dieux ont placé le patriarche qui a sauvé dans l'arche l'humanité nouvelle. Là, fleurit l'arbre de vie, là coule aussi la source merveilleuse où le héros Gilgamès vient laver ses souillures.

---

[47] Pausanias, Lib. IV, cap. XXXII.
[48] Voir Ch. Lenormant ; *Un véda chaldéen*.

Rappelons encore l'enlèvement d'Étana par l'aigle de Samash, enlèvement suivi d'une chute mortelle, où nous trouvons en germe à la fois le mythe de Ganymède et celui de Phaéton.

Mais la plus féconde de ces légendes est à coup sûr celle même du héros solaire, Izdubar ou Gilgamée, qui fait le sujet de la vaste épopée babylonienne, dont l'histoire du déluge n'est qu'un épisode. Tous les Assyriologues, depuis Rawlinson, s'accordent à diviser cette épopée en douze chants, dont chacun se rapporte à l'un des signes du zodiaque. C'est probablement l'histoire des victoires du soleil sur les constellations qui s'échelonnent sur l'écliptique, symbolisée par les combats de l'Hercule d'Ourou. Le soleil qui l'a sans cesse protégé dans ses épreuves, finit par l'adopter, par le réunir à lui, et lui délègue l'office de juger les mortels dignes de participer au bonheur de l'éternité. Nous trouvons une variante de cette légende, florissante surtout en Cilicie et en Lydie. C'est encore l'Hercule assyrien, mais sous le nom de Sandan, qui finit sa vie par la purification suprême du bûcher et dont l'âme s'envole vers le soleil sous la forme d'un aigle ou du phénix ; « *Assyrii phœnica vocant* » dira Ovide.[49]

Le dogme persan est plus sobre, mais pour la première fois, il nous renseigne sur l'origine des âmes et de la vie, et à ce titre il nous met sur la voie de quelques-unes des doctrines qui firent la fortune des mystères de Mithra. Les Férouërs ou *Fravashis* sont non pas précisément les âmes, mais comme l'entendra, Platon, les types éternels des choses. Tout être créé ou à naître a son fravashi. Ils résident au sein de la lumière d'Ormuzd. On voudra plus tard leur assigner une place plus précise, leur domicile sera la voie lactée ou les millions d'étoiles qui constituent l'armée céleste. Ces férouërs, principes de connaissance et de vie, se prêtent temporairement à des formes mortelles, plus par dévouement à l'œuvre de salut d'Ormuzd que par inclination pour les choses terrestres. Mais ils sont en même temps des mânes. L'enveloppe qu'ils ont revêtue une fois anéantie par la mort, ils remontent au fonds originaire des cieux,

---

[49] Sur les idées des Assyriens touchant l'immortalité de l'âme, voir Halévy ; *Les croyances à l'immortalité de l'âme chez les Chaldéens* ; et Jeremias ; *Die Babylonisch-Assyrischen Vorstellungen vom Leben nach dem Tode.*

et vont grossir l'armée des purs qui forment l'assemblée céleste. Spirituels et indestructibles dans leur essence ils vivent éternellement. Cette croyance se concilie avec la doctrine du jugement des âmes, de leur mérite et de leur démérite. Car il est souvent question dans l'Avesta de peines et de récompenses. « Celui qui est pur de pensée, dit Ormuzd, pur de parole et pur d'action, ira éclatant de gloire dans les, demeurés *du behesht*. Il sera, ô Zoroastre, au-dessus des astres, de la lune, du soleil. Je me charge de le récompenser, moi qui suis Ormuzd, le juste juge.[50] » Ailleurs « l'homme pieux demande que son âme parvienne au lieu de lumière et n'aille pas dans le lieu des ténèbres. » Et le Boundehesh formulera plus courtement tout cet ensemble de croyances. « L'âme est une lumière qui à la naissance, descend du ciel, et qui, à la mort y retourne ».

Voyons maintenant l'application que les mithriastes ont faite de ces idées et de quelles formes symboliques ils les ont enveloppées.

Le dogme mithriaque de la *catabase* et de l'*anabase* (quelques auteurs emploient aussi les termes de *cathode* et d'*anode*, d'*hypobase* et de *parembole*) n'est expliqué dans son ensemble et dans ses développements par aucun des auteurs de l'antiquité. Il se déduit et s'éclaire pour nous par le rapprochement, que nous allons tenter, de divers fragments, empruntés principalement à Celse, à Porphyre et à Macrobe.[51]

Les symboles astronomiques de la grotte représentaient la voûte du ciel et la double révolution céleste, celle des étoiles fixes et celle des planètes, les premiers séjours de lumière et de splendeur, habitacle des dieux et des bienheureux ; les secondes réservées à l'évolution des âmes.

Porphyre ajoute ; « Numénius et son ami Cronius disent qu'il y a dans le ciel deux points extrêmes, l'un dans la partie du ciel la plus méridionale est au

---

[50] Venelidad, farg. VII.
[51] Origène : *In celsum*, VI, 22. Porphyre : *De antro nympharum*, cap. X-XXII. Macrobe : In somnium Scipionis, C. XI.

tropique d'hiver ; l'autre dans la partie la plus septentrionale est au tropique d'été. Le point estival est sur le signe du Cancer ; le point hivernal sur le signe du Capricorne. Et comme le signe du Cancer est pour nous le signe le plus rapproché de la terre, on l'attribue avec toute raison à la lune, qui est la plus voisine de la terre, tandis que le pôle austral n'étant pas visible pour nous, on attribue le Capricorne à Saturne, la plus éloignée et la plus élevée des planètes.

« Les théologiens établissent que le Cancer et le Capricorne sont les deux portes du ciel (πύλαι). Platon les appelle les deux ouvertures (στόλια). Ils disent que le Cancer est la porte par laquelle descendent les âmes, et le Capricorne celle par laquelle elles remontent. Le Cancer est au nord et favorable à la descente ; le Capricorne au midi et favorable à l'ascension. Car les régions septentrionales sont propres aux âmes qui descendent dans la génération.

« De même les théologiens ont établi pour portes des âmes le Soleil et la Lune, disant que le soleil est la porte par laquelle montent les âmes, la lune celle par où elles descendent. »

Ces mêmes portes sont ailleurs appelées « portes des hommes » et « portes des dieux » parce que par l'une les âmes descendent s'incarner en des corps humains, et que par l'autre elles rentrent au séjour de la divinité. Leur invention date des temps les plus lointains de l'astrologie chaldéenne. « Les positions des dieux Bel et Ea, il fixa lui-même — dit une tablette ninivite — et il ouvrit les grandes portes dans l'obscurité. Par l'une sort Ourou (la lune) pour dominer la nuit — par l'autre à l'Orient sort Samash (le soleil) » On les nommait Portes d'Ea et de Bel, et l'on donnait le nom de chemin d'Ea et de Bel à la route tracée par le soleil sur l'écliptique.

Du Cancer au Capricorne les signes de constellation s'échelonnent dans l'ordre suivant ; le Lion, séjour ou mansion du Soleil, la Vierge de Mercure, la Balance de Vénus, le Scorpion de Mars, le Sagittaire de Jupiter, le Capricorne de Saturne. Dans l'ordre inverse, du Capricorne au Cancer, le Verseau devient la mansion de Saturne, les Poissons de Jupiter, le Bélier de Mars, le Taureau de Vénus, les Gémeaux de Mercure, enfin le Cancer de la Lune. Quand à Mithra, il siège exactement entre les deux équinoxes. C'est pourquoi, dit Plutarque, on l'appelle médiateur. « Il tient le glaive du Bélier, signe de Mars et il est porté par le Taureau ; signe de Vénus ». Car il est le dieu de la génération, celui par qui la vie s'entretient ici-bas, en même temps qu'il préside à l'évolution par laquelle les âmes entrent dans la vie et en sortent.

On remarquera que ce planisphère céleste répond à l'exaltation du soleil dans le signe du Bélier, dans le temps où le Bélier et la Balance sont les deux points équinoxiaux. C'était celui dont usaient les mithriastes, ainsi qu'en témoignent les monuments, où les signes du zodiaque se déploient au cintre de la grotte des mystères. Six d'entre eux sont tournés vers la droite, les six autres vers la gauche ; mais c'est toujours le Bélier qui commence la série. Ce système ne répond pas au plus ancien calendrier chaldéen, à celui qui avait présidé aux vieilles cosmogonies. Il était disposé d'après l'exaltation du soleil dans le Taureau, date à laquelle, pour les théologiens de Perse et de Chaldée, avait commencé le monde. Le Taureau et le Scorpion étaient alors les points équinoxiaux ; le Lion et le Verseau les points solsticiaux.[52]

La conjonction du Soleil avec la constellation du Bélier a commencé en l'an 2266 avant Jésus-Christ. Il faut donc faire remonter à cette date les modifications introduites dans le calendrier et le planisphère Chaldéen. Mais d'autre part, à l'époque de Celse et de Macrobe et de la grande faveur des mystères de Mithra, ce planisphère avait à son tour cessé de répondre au tableau réel du ciel. Depuis cent-vingt ans environ avant notre ère, le Soleil était entré dans le signe des Poissons. Les Mithriastes se servaient donc d'un planisphère qu'ils savaient inexact. Mais ce planisphère était consacré par une tradition très lointaine et remontait à l'époque où leurs dogmes avaient été arrêtés et fixés. Ils continuaient à en faire usage, malgré sa désuétude, à cause de l'importance qu'avaient prise dans leur théologie le Taureau et le Bélier.

Un texte capital de Celse nous apprend au moyen de quel symbole les Mithriastres figuraient la descente et l'ascension des âmes et les étapes qu'il leur fallait parcourir, une fois que de la Lune elles descendaient par la porte du

---

[52] V. Jensen ; Kosni-der Babyl. p. 85-93 et p. 315.

Cancer « dans les voies de la génération » c'est-à-dire dans l'espace interplanétaire. « C'est, dit-il, une échelle ou escalier qui a sept portes et au-dessus une huitième. La première est de plomb, la deuxième d'étain, la troisième d'airain, la quatrième de fer, la cinquième de métaux mélangés, la sixième d'argent, la septième d'or. Ils attribuent la première à Kronos (Saturne) témoignant par le plomb la lenteur de cet astre. Ils rapportent la deuxième à Aphrodite à cause de l'éclat et de la mollesse de l'étain, la troisième à Zeus à cause de la dureté de l'airain, la quatrième à Hermès, parce que il passe parmi les hommes pour être dur à la peine et fécond, comme le fer, en utiles travaux, la cinquième à Mars, sa nature mixte le rendant inégal et varié. Enfin les Perses attribuent à la lune la sixième porte et au Soleil la septième, qui est d'or, parce que ces deux métaux ont la couleur de la Lune et du Soleil. » Nous n'insisterons ici, ni sur les couleurs, ni sur les métaux attribués à chaque planète, ni sur les secrètes influences que les anciens supposaient à ces astres sur la formation des métaux dans le sein de la terre. Nous remarquerons en passant que l'ordre dans lequel les planètes sont énumérées répond à celui des jours de la semaine, si on la fait commencer par le samedi, qui pour nous la termine. Ces sept portes sont les sept stations de l'âme, soit qu'elle s'appesantisse vers la terre, soit qu'elle remonte à sa source première, à ce séjour de la divinité, auquel on accède dans la construction, de Celse, par la huitième porte. À chacun des paliers, nous le savons d'ailleurs, se tient un génie ou *archôn*, qui ne laisse passer l'âme, ou dans les mystères l'initié, qu'après s'être assuré de son état de perfection et de purification.

De l'escalier de Celse il serait facile de rapprocher bien des traits épars dans les historiens, qui confirment l'authenticité de cette conception symbolique ; depuis les sept enceintes d'Ecbatane, décrites par Hérodote et peintes de la couleur des métaux, jusqu'au songe de Viraf dans le livre persan, le Virafnamch. Le songeur est au pied d'une échelle mystérieuse dont il monte successivement les sept degrés ; à chacun d'eux, il est introduit dans un ciel particulier, jusqu'à ce arrive au huitième, où il trouve Zoroastre entouré de ses fils et des âmes des purs, et où il goûte les joies de la félicité éternelle.

Il est un lieu des âmes candidates à la vie. Les vieux théologiens d'Égypte et de Chaldée, suivi d'ailleurs par les Grecs, le plaçaient, comme nous l'avons vu, dans la Lune.[53] C'est pourquoi le Taureau, symbole de la génération, était consacré à cet astre et pourquoi tant de déesses asiatiques, comme Hathor et Isis sur les bords du Nil, sont figurées avec le croissant sur le front, ou traînées par un bige attelé de taureaux. Mais pourquoi cette chute originelle ? qui la détermine ? quelle est la raison de ces étapes à chacune des planètes ? À toutes ces questions Porphyre répond dans un passage obscur et confus[54], qui nous ouvrirait peu de jour sur ces mystères, s'il n'était illustré par quelques pages très précises de Macrobe. Le philosophe grammairien, dans son *Commentaire du songe de Scipion*, passe en revue les diverses opinions des sages sur les destinées de l'âme. On reconnaît les doctrines de Platon, de Pythagore, des néoplatoniciens, celles des Isiaques. Il en vient enfin à celle qui nous occupe. Il ne désigne pas expressément la secte mithriaque ; mais il n'est pas possible de se méprendre, puisque lui-même a soin de nous renvoyer au *De antro Nympharum* de Porphyre. Il insiste tout particulièrement sur cette doctrine ; on sent qu'elle lui est chère et il ne dissimule pas les préférences qu'il a pour elle.[55]

« La Lune, dit-il, est le lieu où la vie et la mort se limitent et se touchent ; c'est de là que les âmes coulent à la terre pour y mourir et s'élever ensuite aux régions supérieures, où elles recouvrent la vie. À la lune commence le royaume des choses caduques et qui passent ; d'elle que les âmes commencent à tomber sous le domaine et du temps et des jours ».

Dans un bonheur infini, libres de toute contagion corporelle, et les possèdent le ciel. Cependant de cette haute et perpétuelle lumière elles aspirent à descendre. C'est l'appétence du corps, un désir latent de volupté, le poids seul de la pensée de la terre qui les entraîne. Elles s'enivrent d'un miel qui leur verse l'oubli des choses éternelles et réveille en elles l'appétit des charnelles.[56] Mais ce

---

[53] ἐν ᾗ τῆς γενέσ-ως ἀιτίαι πάσης. Proclus : Comment, à la Rép. de Platon, ch. XXI.
[54] *De ant. Nymph*, cap. XVI.
[55] Quorum sectæ amicior est ratio.
[56] Porph. : Coeundi voluptas mellis dulcedo significat.

n'est pas d'un coup et brusquement, que de son incorporalité parfaite, l'âme en vient à revêtir un corps de boue périssable. La chute est graduée. De la porte du Cancer, elle glisse aux sphères subjacentes et s'arrête à chacune d'elles. À mesure qu'elle descend de lune à l'autre, elle perd de sa pureté première et ressent des altérations successives de sa perfection. Elle se gonfle et se sature de chacune des substances sidérales qui émanent de l'astre, chaque sphère la revêt d'un éther moins pur, d'une enveloppe de plus en plus sensible. Elle éprouve autant de morts partielles qu'elle traverse de mondes, jusqu'à ce qu'enfin, de chute en chute, elle parvienne à celui qu'on appelle le monde de la vie. En même temps, chaque planète la dote des facultés nécessaires à son nouvel être. Saturne lui confère le raisonnement et le calcul, Jupiter l'énergie active, Mars l'ardeur passionnée, le Soleil l'imagination et le sentiment, Vénus le désir, Mercure l'herméneutique, c'est-à-dire, la faculté de s'exprimer ; la Terre enfin celle de croître et de grandir ; car la dernière des qualités divines est la première des nôtres.[57] »

Pour revenir au bonheur qu'elle a perdu, l'âme suit une route inverse : les degrés qu'elle a descendus, à nouveau elle les franchit et stationne à chaque planète. Elle s'allège de la substance prêtée par chacune d'elles ; elle se dépouille successivement de tous les éléments d'emprunt de sa corporalité, jusqu'à devenir l'âme pure qu'elle était dans sa condition première, toute spirituelle et semblable aux dieux.

Ces symboles astronomiques, cette septuple vêture et le dépouillement successif qui lui répond, nous ramènent directement aux rites et aux usages les plus anciens de la Chaldée.

Là, sous l'influence de la religion qui domine toutes les manifestations de la vie, les nombres trois, douze, mais surtout le nombre sept, règnent en souverains. Sept est le chiffre sacré. Le Temple, image réalisée par l'homme de l'ordre cosmique, est la haute tour à sept étages, en recul l'un sur l'autre, reliés par de larges rampes d'escaliers extérieurs, où se déroule à l'aise la pompe des

---

[57] On remarquera que l'ordre des planètes n'est plus celui de Celse.

processions. Au-dessus du pays, elle se dresse gigantesque, écrasant tout de son énormité, portant son faîte aussi haute que les pyramides d'Égypte. Quelques-unes de ces tours ont compté jusqu'à 180 mètres. Sept bandes de couleurs la bariolent de leurs tons tranchants et hardis ; Les briques de la tour de Korsabad portent encore dans le stuc des traces de l'émail, blanc, noir, pourpre et bleu qui les couvrait, et les ruines amoncelées trahissent les vestiges du vermillon, de l'argent et de l'or. Ainsi sont reconstitués les sept étages aux couleurs variées, consacrés aux sept planètes. L'inscription de Nabuchodonosor sur la tour de Borsippa qu'il fit restaurer, donne à cette tour le nom de « Temple des sept lumières ». Chacune d'elles a son étage, sa demeure particulière, sa chapelle pratiquée dans l'épaisseur de la construction. Au sommet se dresse le sanctuaire du dieu, Ampli, Nébo, Sin, ou Mardouk, splendide édicule, où s'est donnée carrière la magnificence du monarque. Parfois, la statue du dieu s'y dresse, faite de métal précieux et son esprit habite ce simulacre ; d'ordinaire, on y voit le lit où il est censé reposer, la table où les prêtres lui apportent les offrandes. « J'ai couvert d'or la charpente du lit de repos de Nébo, dit Nabuchodonosor ; les traverses de la porte des oracles ont été plaquées d'argent. J'ai incrusté d'ivoire les montants, le seuil et le linteau de la porte du lieu de repos. J'ai recouvert d'argent les montants en cèdre de la chambre des femmes, etc.[58] » Qui ne reconnaîtrait à ces détails et à cet ensemble, l'escalier mithriaque de Celse, prodigieusement agrandi ? Qui ne voit que la *ziggurât* babylonienne en est le prototype et le modèle ?

Les cérémonies religieuses obéissent au même rythme numérique. On connaît le poème d'Istar, veuve du « fils de la vie » descendant pour le sauver dans « le pays immuable de la mort. » Ce poème s'adaptait évidemment, comme l'a remarqué Ch. Lenormant, aux diverses phases d'une cérémonie symbolique, et « se jouait dans les temples, comme une sorte de mystère.[59] » Ce pays, où se rue dans sa passion la violente déesse, l'Aralou, est divisé en sept

---

[58] Voir Maspero ; Tom. I, *la Chaldée*. Perrot et Chipiez ; *Histoire de l'art*. Tom. II. Babelon ; *Manuel d'archéol. orientale*, p. 84.
[59] Ch. Lenormant. *Le déluge et l'épopée babylonienne*.

cercles, sur le modèle des sphères célestes. Elle franchit les sept enceintes ; à chacune le serviteur d'Allat, la déesse des ombres, la dépouille d'un de ses vêtements, depuis la tiare jusqu'au voile de sa pudeur, pour qu'elle paraisse nue devant la sombre divinité. Au retour, dans le même ordre, ses vêtements lui sont rendus, après qu'elle a obtenu, pour celui qu'elle pleure, l'eau de la source scellée au seuil de l'enfer.

Si la bibliothèque d'Assourbanipal nous avait conservé un rituel liturgique des cérémonies de Babylone, nous constaterions vraisemblablement que la plupart sont enfermées dans le même cadre, s'y développent avec les mêmes formules et que la ziggurat en est aussi le théâtre. Les débris mutilés de la cent soixante-deuxième tablette ninivite semble bien une page de ce recueil que nous regrettons. Il s'agit d'une fête analogue « aux Plinthéries athéniennes ou au bain de la Pallas argienne », de la purification d'une déesse-nature. Elle monte les longues rampes des escaliers de la *ziggurat*. À chacune des sept portes, un dialogue s'engage entre la déesse et le prêtre, qui garde l'entrée du sanctuaire ;

« Entre, ô dame de Tiggalâ
que le sanctuaire du dieu immuable se réjouisse devant ta face. »

Il la dépouille d'une partie de son costume ; et elle va ainsi, de degré en degré, jusqu'à ce qu'elle pénètre nue dans le sanctuaire supérieur, qui figure l'empyrée. Là, d'autres déesses s'empressent autour d'elle, la purifient par des lustrations et des exorcismes ; puis leur office terminé, elles la laissent redescendre et compléter d'étage en étage l'ajustement qu'elle a quitté.[60]

La scène est trop confuse, le texte a trop de lacunes pour qu'il soit possible de déterminer la nature même de la cérémonie, dont nous saisissons seulement l'allure générale. Mais renverser l'ordre de cette cérémonie, appliquez à l'âme la double évolution accomplie par la déesse ; vous aurez l'exacte description de la *catabase* et de l'*anabase* des mystères. Tout l'appareil extérieur où le dogme est inclus s'est fidèlement conservé.

---

[60] Ch. Lenormant ; *Commentaire de Bérose* (la fin du volume).

Nous ne signalerons qu'en passant la fortune de ces symboles et la trace qu'ils ont laissée dans les spéculations des philosophes grecs et latins. Bien avant Cicéron et avant Porphyre, dont la doctrine propre est toute pénétrée d'idées mithriaques, Platon lui-même en a subi l'influence, à travers la tradition de Pythagore, et par les Pythagoriciens qui sont les interlocuteurs du *Timée* et de la *République*. Son imagination, plus orientale qu'hellénique, se plaît à emprunter aux cosmogonies antiques, les mythes dont il enveloppe ses doctrines sur l'origine et la fin des âmes. À cet égard, le mythe d'Er l'Arménien nous paraît significatif. On se souvient du fuseau de la destinée, qui est l'axe du monde, et de ce peson, formé de huit sphères emboîtées, aux couleurs différentes, qui sont les planètes ; sur le rebord de chacune chante une sirène, et l'union de ces notes différentes donne l'accord parfait, symbole de l'harmonie universelle.[61] Cet Er l'Arménien a fait activement travailler l'imagination des philosophes. C'était un héros solaire, proche parent du Sandon Lydien ou du Sandan de Tarse, et qu'adoraient les Pamphyliens. Clément d'Alexandrie fait à son sujet d'intéressantes réflexions. Et d'abord il voit en lui Zoroastre lui-même. La légende rapporte qu'il resta douze jours étendu sur le bûcher, puis ressuscita. Cette durée « faisait allusion à l'ascension des âmes et à leur passage à travers les douze signes du zodiaque.[62] » Proclus à son tour, dans son *Commentaire* au dixième livre de la République, relève les innombrables discussions dont ce texte a été l'objet.[63] Il rappelle que pour l'épicurien Colotès, Er de Pamphylie n'était autre que Zoroastre ; pour Kronios, il en était le disciple et l'élève, tant le mythe platonicien leur paraissait bien emprunté à des sources persanes. Peut-être trouvera-t-on plus saisissant encore de ressemblance, le rôle attribué par Platon aux astres dans la formation des âmes des hommes. Émanation directe de l'âme sidérale, elles reçoivent des corps célestes, identifiés à des

---

[61] Celse établit que les Mithriastes reconnaissaient une relation entre les sept notes de la gamme et les sept planètes.

[62] Clém. d'Alex. *Stromal*, L. V., 14 Τον δὲ Ζοροάστρην τουτον ὁ Πλάτων δωδεκαταιον ἐπὶ τῃ πυρα κείμενον αναβιωναι λεγει.

[63] Proclus. *Comment.*, p. 60 éd. Schœll.

dieux (*divinis animata mentibus*, traduira Cicéron), les éléments sensibles qui les appesantiront vers la terre, de sorte qu'elles participent par leur intermédiaire k l'âme universelle et à la raison divine. Quant au Soleil, le plus éclatant de ces luminaires célestes, la source de toute vie et de toute chaleur, il est pour Platon, le fils du Dieu suprême, celui que le Père a engendré semblable à lui-même (οντἀγαθὀν ἐγέννησεν ἀνἀλογον ἑαυτω), dieu sensible, qui crée les choses visibles et leur communique l'être et la vie. Paroles inquiétantes, dangereuse collusion d'images et d'idées ! Toute la Gnose se prendra plus tard à leur mirage.

⁂

J'en viens à la, manifestation la plus connue, mais pourtant la plus mystérieuse du culte de Mithra, celle que les monuments ont rendue la plus familière à nos yeux, le sacrifice du Taureau.

Il est fort malaisé de démêler les sens précis et très divers de cette image. Les mystes, obligés au secret sur la doctrine révélée des mystères ont bien tenu leur serment ; rien de certain n'en a transpiré au dehors ; les hésitations et les contradictions des amis aussi bien que des adversaires de la secte, prouvent combien fut absolue cette discrétion. Restent donc les monuments. Ils suffisaient aux initiés, au courant de la symbolique du culte, pour retrouver sous les images le sens de l'enseignement donné par les prêtres. Ils constituent pour nous une langue presque inconnue, périlleuse à déchiffrer, féconde en erreurs, où l'intuition la plus sûre d'elle-même est sujette à faillir.

Dans tontes les religions antiques, ariennes ou sémitiques, le Taureau représente le dieu solaire qui déchaîne l'orage. C'est lui qui, de ses traits d'or, féconde les vaches, c'est-à dire les nuées, qui fait descendre sur les terres desséchées les pluies bienfaisantes, et qui, au fort de la tempête, remplit l'air de ses mugissements. Il est le dieu de la génération et de la fécondité ; en même temps qu'il est le signe de l'équinoxe de printemps, qui marque le réveil de la vie dans la nature. L'Indra védique est le Taureau divin, comme aussi Mardouk ou Anou de Babylone et l'Horus d'Égypte. Osiris a pour incarnation sensible la bœuf Apis. Chez les Grecs, Zeus se transforme en taureau pour enlever Europe ou séduire Pasiphaé. Le Bacchus des mystères est figuré sous la forme d'un taureau ou le front armé de cornes, d'où son surnom de βουγένης. Les femmes d'Élée, pendant les fêtes du printemps, chantaient un hymne célèbre ; « Accours, divin Bacchus, escorté des Grâces, porté sur tes pieds de bœuf ; accours, divin taureau, taureau bienfaisant ! » Mithra, comme toutes ces divinités, est aussi le taureau, « le mâle du troupeau » dont parle l'hymne persan, « l'auteur des choses et le maître de la génération », comme s'exprime Porphyre.

Dans les mêmes pays et dans les mêmes mythologies la Lune est aussi le Taureau, dont les cornes imitent le croissant de l'astre nocturne. On sait que les théologiens d'Orient regardaient la Lune comme le conservatoire des germes qui assurent la propagation de la vie « Elle a, dit Plutarque, la propriété de produire et d'humecter, favorise la génération des animaux et la végétation des plantes ; fécondée et rendue mère par le Soleil, elle pénètre l'air à son tour et y répand des principes de fécondité.[64] » Porphyre nous dit de même. « La Lune préside à la génération et son point d'exaltation est le Taureau.[65] » C'est sous une figure bovine que toutes les déesses de la fécondation, Isis, Hathor, les Astartés phéniciennes, les Vénus et les Dianes de l'Asie sont représentées.

Mais dans le tableau mithriaque, tout en gardant son double caractère solaire et générateur, ce n'est pas comme personne divine, mais comme symbole représentatif que le Taureau nous apparaît. Le rôle actif et souverain est dévolu à Mithra, qui préside à l'évolution du monde stellaire et en dirige en maître les mouvements. C'est bien lui que décrit Claudien :

Vaga volventem sidera Mithram[66]

Il s'élance, Dieu jeune et triomphant ; le ciel, comme dit l'Avesta, est son vêtement, et dans les plis de son manteau livré au vent, transparaissent les

---

[64] Plutarque. *De Iside*, cap. XLI et XLIII.
[65] Porphyre. *De antro Nymph.*, ch. XVIII.
[66] *De Consul. Stilich.*, Lib. I, v 63.

constellations en marche. Tout parle dans ce tableau de renouvellement, de résurrection et de vie naissant de la mort. Si l'un des dadophores incliné vers le ciel son flambeau éteint, l'autre élève le sien tout en flammes. Le pin dresse tout auprès son feuillage d'immortalité ; il est l'arbre de vie des anciennes légendes. La bête immolée c'est le soleil annuel. Entre ses pattes se glisse un scorpion qui pince et ronge ses parties génitales ; c'est le signe de l'équinoxe d'automne qui tarit la fécondité de l'année et épuise sa force productrice. Mais au-dessus du soleil mourant, un jeune soleil monté sur un quadrige, lancé à pleine allure, recommence sa course. En d'autres compositions, c'est le Lion, symbole de l'été brûlant qui égorge le taureau, c'est-à-dire l'été qui dévore le printemps. Le corbeau, perché sur l'épaule ou au-dessus du sacrificateur, annonce l'aube nouvelle, ou, comme dans la légende chaldéenne du déluge, la vie qui va pouvoir renaître sur la terre renouvelée. Pour accentuer la signification astronomique de l'ensemble, dans un grand nombre de monuments, la série des signes zodiacaux se développe au-dessus du Mithra tauroctone.

Mais ce taureau est en même temps le taureau persan. Il est le taureau primordial « créé unique par Ormuzd », ou plutôt, comme le fait entendre le terme zend, le premier des êtres vivants, la première manière organisée et animée. Sitôt créé, l'esprit du mal porte sur lui le besoin, la souffrance et la maladie. Sous ces coups répétés, le taureau s'amaigrit, dépérit et meurt. De chacun de ses membres sourdent les diverses espèces de graines et de plantes salutaires, de sa semence les animaux utiles à l'homme. Ce qu'il en reste est porté dans la sphère de la lune et purifié par la lumière de l'astre.

L'âme du taureau s'échappe à son tour ; elle se dresse devant le Créateur, et d'une voix aussi forte que celle de dix mille hommes et qui résume la plainte de toute la création, vouée à la misère et à la mort, elle lui crie ; « À qui as-tu confié l'empire des créatures que le mal ravage la terre et que les plantes sont sans eau ? Où est l'homme dont tu avais dit ; je le créerai pour prononcer la parole secourable ? » Ormuzd emporta l'âme plus haut que le ciel des planètes et des étoiles fixes, et, pour la consoler, lui montra le *ferouër* de Zoroastre, en disant : « Je le donnerai au monde pour lui apprendre à se préserver du mal. »

Plus tard et à la fin des temps, de la semence de Zoroastre, portée comme celle du taureau dans la lune, naîtra *Caoshyo*, le Sauveur, qui consommera la ruine d'Ahriman, et par la vertu d'un second sacrifice du taureau, donnera aux hommes l'immortalité à tout jamais.

Or le taureau mithriaque est bien sûrement le taureau de l'Avesta ; de sa queue sortent des épis de blé ; il en jaillit de sa blessure ouverte ; il meurt, mais répand sa semence que recueille le cratère, où s'élabore là vie de l'avenir. À ses pieds se déroule le serpent, qui est Ahriman, le meurtrier de l'être primordial ; c'est lui l'antique Ahi, qui porte le besoin, la maladie et la mort sur le premier né d'Ormuzd. Il se dresse pour boire le sang jailli du couteau sacrificateur, c'est-à-dire, pour saisir l'âme qui s'échappe.[67] Mais le chien l'en écarte, le chien, l'animal sacré par excellence, qu'Ormuzd considère presque à l'égal de l'homme, dont il estime la vie presque au même prix. « Celui qui le tue donne la mort à son âme.[68] » C'est si bien cette scène de la dispute de l'âme entre le serpent et le chien, que décrit le tableau mithriaque, qu'encore aujourd'hui les Parsis approchent un chien de la bouche des mourants, pour qu'il dispute l'âme qui va s'envoler à l'esprit du mal. Car « un regard du chien met en fuite les *devas*. »

Au figuré, le Taureau de la légende persane représente donc la créature, l'être engagé dans les liens de la matière, en proie au mal physique et au mal moral, le principe humide et terrestre, comme l'explique Aristote, opposé au principe igné et céleste, représenté par le Lion, l'être humain avec ses faiblesses, ses défaillances, ses souillures, j'oserais dire, la bête humaine. C'est cet être de chair et de péché, alourdi par ses instincts, qu'il faut affranchir et libérer. Car, ainsi que l'enseigne Héraclite, au sujet *de ces âmes humides et tombées dans la génération*, « vivre pour elles, c'est mourir, et ce que nous appelions la mort, c'est pour elles la vie.[69] » C'est ainsi que le sacrifice du Taureau assure le salut.

---

[67] Quelquefois le serpent au lieu de s'élancer vers le sang du taureau, plonge sa gueule dans le cratère. C'est au fond la même idée exprimée sous deux formes différentes.
[68] Voir Vendidad. *Fargard*, XIII, *toutentier*.
[69] Porphyre. *De antro Nymph.*, cap. X.

C'est à cette immolation volontaire et absolue que Mithra, par son exemple, convie ses fidèles.

Mais ce sacrifice est de plus un sacrifice de rédemption, — car les anciens recherchaient ces symboles à sens multiples, qui permettaient de graduer l'initiation, suivant l'instruction et la sainteté du myste. — L'animal chargé des péchés de l'homme et offert en holocauste rachète le pécheur et satisfait la divinité.

Cette conception est à la fois une des plus anciennes et des plus générales de l'humanité. Elle suppose celle d'un. Dieu vindicatif et jaloux dont il est nécessaire de désarmer la colère et de se concilier la faveur par l'offrande des prémices les plus précieuses ; c'est là l'origine des holocaustes sanglants de Babylone, de Tyr et de Carthage, des prostitutions sacrées et des dévouements héroïques, comme ceux des Décius à Rome. De cette idée, l'on passa à celle plus humaine de la substitution, qui, par une sorte de supercherie sacrée, permet de charger de l'expiation personnelle ou collective, une victime volontaire ou choisie, qui peut être l'animal du troupeau. Ce point de vue apparaît, en Israël, dans le sacrifice d'Isaac, dont un bélier prend la place sous le couteau d'Abraham, dans les prescriptions du Lévitique, dans te célèbre passage d'Isaïe sur l'agneau symbolique.[70] Aussi dans les sanctuaires de l'antiquité, les lustrations et les aspersions sanglantes étaient la ressource suprême de la cathartique pour l'expiation des crimes. Le sang lavait la faute. Les mystères de Samothrace avaient la spécialité de ces purifications pour le meurtre.

---

[70] Lévitique ; ch. XVI : « Aaron prendra deux boucs parmi les chèvres pour les péchés et un bélier en holocauste... Quant à l'autre bouc, il l'égorgera pour les péchés du peuple devant le Seigneur, et il apportera de son sang du côté intérieur du voile, et il répandra le sang sur la base de l'autel du sacrifice et il fera une expiation sainte pour les souillures des fils d'Israël, pour leurs injustices et pour tous leurs péchés. » — Voir Isaïe, ch. XLIII.

À rapprocher, à plusieurs siècles d'intervalle, les vers de Lucain sur la mort de Caton, *Phars.*, II, v. 312 :

Hic redimat sanguis populos, hac cæde luatur
Quidquid Romani meruerunt pendere mores.

Elles firent la vogue immense du taurobole dans les derniers siècles de l'empire romain. Le poète Prudence a décrit cette cérémonie dans toute sa sauvage horreur. Ce baptême sanglant se recevait dans une fosse à claire-voie, à peine recouverte de quelques lattes ou poutrelles. Le pénitent y prenait place, ou le prêtre, quand le sacrifice était donné pour la communauté des fidèles. De la plaie de l'animal égorgé, la pluie rouge tombait, souillant le malheureux, qui tendait vers la rosée sanglante son front, ses yeux, sa bouche, toute sa personne.[71] On sortait de là renouvelé pour l'éternité, *in æternum renatus* ; quelques textes disent, pour vingt ans seulement. À l'expiration de cette période, un second taurobole semblait nécessaire pour abolir les nouvelles tares contractées par l'âme pécheresse. Des villes, des provinces s'associaient pour faire les frais de ce sacrifice, qui supposait ainsi une sorte de solidarité dans le péché commun. On pouvait encore en rapporter le mérite et en appliquer le bénéfice à des personnes désignées et absentes. Nous possédons des inscriptions, où le taurobole est offert à l'intention des empereurs régnants.

On a prétendu, bien à tort selon nous, faire du taurobole et du criobole le privilège exclusif du culte de Cybèle. L'image même du sacrifice mithriaque proteste, avec la clarté de l'évidence, contre cette interprétation étroite. Cette image est ancienne, puisque déjà Stace décrit Mithra dans l'attitude consacrée par les monuments du IVe siècle[72] ; elle est antérieure à la première inscription taurobolique connue, qui est datée de l'an 133. Si l'on se refuse à y reconnaître Mithra, offrant lui-même le taurobole pour l'humanité, comment peut-on expliquer la substitution du bélier au taureau, qu'on observe en d'autres monuments ? Taureau et bélier sont en effet les deux victimes de Mithra, comme celles du taurobole et du criobole. C'est pur jeu de l'esprit que de supposer une rencontre fortuite ou une contrefaçon intentionnelle en cette similitude. Les nombreuses inscriptions tauroboliques trouvées dans le sanctuaire de Cybèle

---

[71] Prudence ; *Peristeph.*, X, v. 1012 et sqq.
[72] Stace ; *Thébaïde*, v. 719.

    Persei sub rupibus antri.
Indignata sequi torquentem cornua Mithram.

au Vatican, attestent certes que cette dévotion était intimement liée aux cultes phrygiens. Mais elle appartient avec une égale certitude au culte de Mithra.[73] Parmi les autres inscriptions, nous ne pouvons revendiquer en faveur de notre thèse celles qui portent à la fois le nom de Mithra et de la grande déesse. Elles sont nombreuses. Mais il en est d'autres où figure le nom de Mithra, sans celui des divinités de Phrygie.[74] Dans les deux inscriptions qui sont à leur nom, le grand prêtre Agorius Prætextatus et sa femme, énumèrent, dans les plus minutieux détails, tous les sacerdoces dont ils sont investis, tous les mystères auxquels ils furent initiés. Tous deux déclarent avoir reçu le bénéfice de l'oblation taurobolique. Cependant ni l'un ni l'autre ne se disent affiliés aux cultes de Phrygie. Si l'on en croit saint Augustin et l'auteur inconnu du *De mysteriis*, le culte de Cybèle semble en défaveur au IVe siècle. Comment concilier cette décadence avec la vogue et la folie du taurobole qui coïncide avec la plus grande ferveur des mystères de Mithra ?

Dans les derniers siècles de l'empire, le syncrétisme des religions païennes et des cultes orientaux autorisa de perpétuels emprunts des uns aux antres. En ce qui concerne Mithra, l'emprunt du taurobole put s'opérer dans cette Phrygie même, où le dieu persan avait vécu en si bonne intelligence avec les divinités locales. Mais on peut même aller plus loin. En réalité le sacrifice expiatoire de la bête, chargée de l'opprobre des hommes, remonte à l'antiquité la plus haute. Il n'est le privilège ni des dieux phrygiens, ni du dieu persan. Nous l'avons vu pratiqué chez les anciens Hébreux « pour les souillures des fils

---

[73] Le monument en verre coulé du musée Olivieri en serait une preuve sans réplique. Mais l'authenticité de ce monument a été fortement contestée. (Voir A. Lebègue, *Revue archéol.*, 1889), et nous ne voulons pas en faire état. Il nous reste pourtant des doutes sérieux. Les expressions mystiques de la consécration ne sont pas pour étonner ceux qui sont au courant de la littérature dévote du IVe siècle. Les poupées ailées qui s'envolent aux deux côtés de Mithra sont directement empruntées à l'art égyptien et représentent les âmes. Cet emprunt, lui aussi, n'a rien d'insolite. Le terme de *Lari* appliqué à Mithra, qui a scandalisé M. Lebègue, se retrouve ailleurs. Dans Ælius Aristide (*Orat. in Aselep.*). Esculape est appelé « Lare commun du genre humain. »

[74] C. I, I. VI, n°s 504, 597, 1778 et 1779.

d'Israël, pour leurs injustices et pour tous leurs péchés ». Il en était très vraisemblablement de même en Chaldée, où le taureau et le bélier figuraient les deux animaux emblématiques du soleil nouveau.

Ce caractère de rédemption s'attache, pour une autre raison encore, à l'immolation du taureau mithriaque. Nous savons que ce sacrifice rappelait celui du taureau primordial, victime de l'esprit du mal, et, par sa mort, bienfaiteur de l'humanité. Il se rapportait certainement aussi au sacrifice des derniers jours, accompli par le sauveur Çaoshyo, qui devait précéder le triomphe définitif du Bien et la résurrection bienheureuse des hommes. « À la fin des siècles, dit le *Bundehesch*, Çaoshyo immolera le taureau Çarçaok. Avec sa moelle et avec le hôm blanc, il préparera un second corps, et on en donnera un à tous les hommes et chacun d'eux sera immortel à tout jamais.[75] » Cette tradition, consignée dans le livre parsi, remonte aux origines de l'Avesta et s'est conservée jusqu'à nos jours. Il paraît très probable que la scène des monuments mithriaques y fait une allusion directe, et que le taurobole lui-même, par lequel les pécheurs rachetés peuvent *renaître* de leur vivant, n'est que la figure et la commémoration du sacrifice final, qui doit procurer la renaissance universelle.[76]

Les contemporains ont-ils poussé plus loin l'interprétation du symbole ? Au fort de la concurrence soutenue contre le Christianisme, ont-ils jamais institué un rapprochement entre le sacrifice du taureau et le sacrifice chrétien de l'agneau, si souvent figuré dans les peintures des catacombes ? Des modernes l'ont pensé.[77] Ils y semblaient autorisés par un texte de Firmicus Maternus, qui compare le sang de l'agneau au sang sacrilège versé dans le taurobole. Mais l'analogie n'est que de surface. Firmicus est possédé d'une hantise. Il voit par-

---

[75] *Bundehesch*, chap. LXXV. Voir Darmesteter ; *Ormuzd et Ahriran*, 2ᵉ partie, ch. v, et *Études iraniennes*, t. II.
[76] Il est très vraisemblable que Mithra a absorbé le personnage de Çaoshyo, comme il a fait pour la plupart des génies de la mythologie perse.
[77] Firmic. Mat. ; *De error. profan. relig.*, cap. XVIII . Pro salute hominum agni istius venerandus unguis effunditur, ut sanctos suos filius Dei profusione pretiosi sanguinis redimat... Miseri sunt qui profusione sacrilegi sanguinis cruentantur.

tout dans les cultes païens l'intervention du démon qui s'acharne à multiplier les contrefaçons des mystères de la vraie foi. Il en est de puériles et de ridicules, auxquelles nul n'a, jamais pensé que lui seul. Dans l'espèce, la comparaison est boiteuse. Le sacrifice de l'agneau est un sacrifice figuré, la victime est symbolique ; le sang du taurobole était une horrible réalité. D'ailleurs, pour que la comparaison fût de tout point exacte, il faudrait supposer, que les païens ont vu dans l'image du tauroctone, Mithra s'immolant lui-même et de sa main, sous les espèces de l'animal emblématique. Or il n'est trace nulle part d'une interprétation de ce genre ; pas un texte ne l'autorise. Ni les auteurs païens, ni Tertullien, ni Firmicus, n'ont soupçonné pareil rapprochement, ni établi un parallèle entre la qualité des deux victimes. Ce qu'immole Mithra, sous la figure du taureau, dans le sacrifice qui ouvre la période de la création et dans celui qui la ferme, c'est l'être matériel et de chair qui obnubile le principe spirituel de l'âme, ce sont les passions qui altèrent et corrompent son essence divine ; l'objet du dernier sacrifice, c'est la libération définitive des servitudes corporelles.[78]

Les Pères de l'Église, mais surtout saint Justin et Tertullien, ont fréquemment signalé, dans les mystères de Mithra, des sacrements, dont le nom au moins serait commun avec ceux des chrétiens. Ces sacrements sont le baptême, la pénitence, l'oblation du pain et de la coupe. Tertullien ajoute qu'ils possèdent l'image de la résurrection. C'est trancher aisément une grave difficulté, que de ne voir dans ces ressemblances qu'imitation grossière et qu'impudente contrefaçon. Les auteurs chrétiens contemporains eux-mêmes s'abstiennent de jugements aussi sommaires ; ils ne suspectent, ni n'incriminent les intentions de leurs adversaires ; ils disent seulement que les démons, c'est-à-dire les faux

---

[78] La preuve en est dans le commentaire même, dont le *Bundehesch* accompagne le récit du sacrifice ; pendant la dernière période qui précède la résurrection, l'homme cesse peu à peu de se nourrir de la chair des animaux, puis de la pulpe des végétaux, puis du lait, et finit par acquérir un corps glorieux.

dieux, ont suggéré méchamment aux hommes de telles analogies, pour troubler l'esprit des fidèles et jeter la confusion sur les vérités divines. Ils accusent la perversité de l'Esprit du mal et non la perfidie des hommes.[79]

Nous sommes malheureusement très mal renseignés sur la nature de ces ressemblances ; et l'insuffisance des textes laisse le champ libre aux hypothèses. Ne pouvant connaître la signification intime des sacrements mithriaques, c'est-à-dire ce que la religion a de plus secret et de plus particulier, nous sommes réduits à rechercher la trace de pratiques analogues dans les rites persans et chaldéens, ou même dans les mystères qui se partageaient la dévotion des derniers païens. Nous avons conscience de n'effleurer ainsi que la surface de la question. D'un culte à l'autre, en effet, ce ne sont pas tant les pratiques extérieures qui diffèrent, que le sens mystique attaché par la religion à ces pratiques. Les moules et les formes sont anciens ; seule la liqueur est nouvelle versée dans les outres vieilles.

Les sacrements des mystères supposent toujours une intervention magique. Il est des mots, des rites, des formules qui ont la faculté d'agir directement sur les dieux et de contraindre leur volonté.

Peu importe que l'homme qui en fait usage, n'en connaisse ni le sens, ni la raison. « Les symboles font d'eux-mêmes leur œuvre propre, et les dieux à qui ces symboles s'adressent, y reconnaissent d'eux-mêmes leurs propres images, sans avoir besoin de nous. » C'est pourquoi, il faut conserver les formes des prières antiques, n'en rien supprimer, n'y rien ajouter jamais ; « car elles sont en connexité avec la nature des choses et conformes aux révélations divines.[80] » Ceux qui ont le mieux noté ces mystérieuses correspondances sont les Chaldéens ; les Égyptiens et les Perses.

On sait que toute l'antiquité a connu et pratiqué le baptême ou les lustrations par l'eau. Les auteurs classiques, comme Virgile et Ovide, les ont maintes fois décrites. Juvénal se moque de ces baptes, qui vont en foule se jeter dans le

---

[79] Tertullien : *De præscript.*, cap. XI. ; *De coronâ*, cap. XV ; Justin ; *Dialog. contra Tryph*, cap. LXVI. Voir aussi Firmicus Maternus *De errore prof. relig.*
[80] Orig., *Cont. Cels.*, I, 24 ; *De mysteriis*, Pars II, 11 et Pars VI, cap. IV et V.

Tibre. L'Orient ne les a pas plus ignorées que l'Occident. Partout elles étaient le prélude de l'initiation. La première journée des mystères d'Éleusis leur était consacrée et un prêtre spécial y présidait. Apulée nous parle, dans sa description des mystères d'Isis, du bain de l'initié.[81] Comme celui d'Éleusis, c'était un bain rituel, destiné à procurer la pureté rituelle, à laver le myste des contacts impurs et profanes qu'il avait subis, à le régénérer et à lui assurer le pardon de ses fautes.[82] Le baptême mithriaque ne paraît pas avoir dépassé cette conception. Dans l'Avesta, l'enfant nouveau-né est lavé avec soin ; on approche de sa bouche le *hôma* terrestre, qui est le symbole et lui donne l'avant-goût du breuvage d'immortalité. Il est ainsi purifié et fortifié pour les jours qui lui restent à vivre. Les mithriastes pratiquaient dans leurs cérémonies les purifications par l'eau, par le feu et même par le miel.[83] Le miel est le symbole de la mort et s'oppose au fiel qui est le symbole de la vie. Le miel est le produit des abeilles, qui dans le vocabulaire mystique désignent les âmes. On ajoutait à ces cérémonies l'onction sur le front et certains indices portent à penser que l'initié recevait un nom nouveau, sous lequel il était connu dans les assemblées des mystes.

L'idée sur laquelle repose la Pénitence appartient au fond même de l'esprit humain. L'aveu volontaire soulage de la faute et allège le remords ; mais rien ne peut effacer la tache que le repentir parfait. Celui-ci suppose le sentiment intime de l'indignité du pécheur en présence de la puissance et de la miséricorde divine. Le paganisme pratiquait exceptionnellement la confession. Plutarque la mentionne dans les mystères laconiens. À Samothrace, un prêtre, le Koës, recevait l'aveu des fautes avant de procéder à la purification.[84] Mais ce sont les religions orientales qui ont le plus vivement senti l'infirmité de la con-

---

[81] « Stipatum me religiosâ cohorte, deducit ad proximas balneas et prius sueto lavacro traditum, præfatus deûm veniam purissino circumrorans abluit. »

[82] Tertul. ; *De præscript.* 40, ; « Sacris quibusdam par lavacrum initiantur... idque se in regenerationem et impunitatem perjuriorum suorum agere præsumunt ». « Diabolus tingit et ipse quosdam et expiationem delictorum de lavacro repromittit. » Voir Porphyre ; De *abstinentia*, lib. II, 49, 50.

[83] Porphyre ; *De antro*, cap. XVIII.

[84] Plutarque : *Apophteg. Lacon.* Hesychius : *Koës*.

dition humaine et la distance infinie qui sépare le Créateur de la créature. Dans une lamentation éloquente, qu'on croirait détachée des Psaumes, un Chaldéen exhale en ces termes son repentir ; « Seigneur, mes péchés sont nombreux, grands mes méfaits. Le Seigneur dans la colère de son cœur m'a frappé ; le Dieu dans le ressentiment de son cœur m'a abandonné. Je m'effraie, et nul ne me tend la main. Je pleure, et personne ne vient à moi ; je crie haut et personne ne m'écoute. Je succombe au chagrin, je suis accablé et je ne puis plus lever la tête. Vers mon Dieu miséricordieux, je me tourne pour l'appeler et je gémis. Seigneur, ne rejette pas ton serviteur. S'il est précipité dans les eaux impétueuses, tends lui la main. Les péchés que j'ai faits, aies-en miséricorde. Les méfaits que j'ai commis, emporte-les au vent, et mes fautes nombreuses, déchire-les comme un vêtement.[85] » Assurément ce ne sont là que les accents d'une âme contrite et repentie ; mais ailleurs, par exemple, chez les Persans, la confession revêt la forme d'une cérémonie religieuse, qui fait partie de la liturgie. Elle s'adresse moins au Dieu suprême qu'aux puissances célestes et aux âmes des Purs, que le pénitent invoque comme intercesseurs. Nous lisons dans l'*Hymne au Soleil* « Je me repens de tous mes péchés, j'y renonce : Je renonce à toute mauvaise pensée, à toute mauvaise parole, à toute mauvaise action, à tout ce que j'ai pensé, ou dit, ou cherché à faire de mal. Que je devienne comme cette lumière qui est haute et élevée ! » Les *Patêts* des Parsis sont de véritables manuels de pénitence, contenant l'examen minutieux et méthodique de la conscience, les actes de foi et les prières rituelles. Mais nulle part il n'est parlé de l'absolution, descendant sur le pécheur, en même temps que la grâce opère dans son cœur. En l'absence de documents précis, il n'est pas téméraire de penser que la confession mithriaque s'inspirait du même esprit de contrition et avait gardé quelques-unes de ces pratiques.

Nous ne sommes pas mieux renseignés sur la communion mithriaque. Nous savons par saint Justin qu'elle consistait dans l'oblation du pain et de

---

[85] Rawlinson : *C. I. W. A.* Tablette IV (traduct. Lenormant).

l'eau, sur lesquels le père prononçait quelques paroles.[86] C'est pourquoi, dans les monuments de Mithra, figure toujours une coupe auprès de l'animal sacrifié. À notre avis, ce n'était là, comme s'exprime Tertullien, que « l'image » de la communion chrétienne. On sait en quels termes, d'une précision et d'une énergie toutes réalistes, saint Paul et l'auteur du quatrième évangile ont défini l'Eucharistie. Elle est le sacrement chrétien par excellence, et comme le dogme central du christianisme. On lui connaît dans les mystères de très lointaines analogies, mais point d'équivalence. Les repas religieux des Esséniens, les agapes sacrées d'Éleusis, le breuvage du Cycéon, auxquels on a voulu tour à tour la comparer, ont un sens religieux tout différent.[87] Ce sens nous paraît très clairement indiqué par un passage de Plutarque : « Ce n'est pas, dit-il, la quantité des vins, ni l'abondance des viandes, qui est l'essentiel dans ces fêtes et en constitue le bienfait ; c'est la bonne espérance et la persuasion de la présence d'un dieu favorable, qui répand sur nous ses grâces.[88] » De même, dans les repas funéraires les morts étaient censés prendre leur part du festin et entrer ainsi en communion mystique avec les vivants. Ce repas en commun établit un lien entre ceux qui le donnent et la divinité en l'honneur de qui il est offert ; c'est par là qu'il est un acte essentiellement religieux. Seules les homophagies des Dionysiaques ont un rapport lointain et grossier avec le mystère chrétien de la transsubstantiation.[89] Quant à la communion mithriaque, elle ne rappelle en rien ce type, et devait participer à la fois du repas sacré et du sacrifice qui nous est décrit dans l'*Avesta*. Ce sacrifice consistait, comme encore aujourd'hui chez les Parsis, dans l'oblation des pains de proposition (*daroûns*) et d'un breuvage qui est l'eau de source ou le suc du hôma. Le *Yaçna* nous déroule les longues péripéties de l'office mazdéen. La partie principale réside dans la préparation et

---

[86] Justin ; *Apolog.*, I, cap. LXVI ; " Ότι γὰρ ἄρτος καὶ ποτήριον ὕδατος τίθεται ἐν ταῖς του μυομένου τελεταῖς, μετ ἐπιλόγων τινων.

[87] Le rapprochement est de Firmicus Madernus : *De err. prof. relig.*, cap. XIX.

[88] Plutarque : *Non posse suav. vivere sec. Epicur.*

[89] Voir surtout le passage d'Arnobe, lib. V ; « Ut vos plenos dei numine ac majestate doceatis, caprorum reclamantium viscera cruentatis oris dissipatis. » Voir aussi Prudentius : *Contra Symmach*, lib. I, v. 129 et sq. ; Porphyre : *De abstin.* IV, 19.

la consécration du hôma. « Il guérit tous les maux ; il donne santé et longue vie ; il procure aux femmes la fécondité. Il est le trésor le plus précieux pour l'âme. Il rend le cœur du pauvre aussi élevé que celui du riche ; O toi qui es de couleur d'or, je te demande la sagesse, la force, la victoire, la santé, la prospérité. » L'office se termine par le repas en commun, composé du pain, de la viande et de l'eau apportés par les fidèles ; mais pour y prendre part, ils doivent être en état de pureté parfaite. On a tout lieu de penser que ces rites, qui se sont conservés jusqu'à nos jours au fond de l'Asie, sont ceux-là mêmes, du moins en partie, qui étaient pratiqués dans les mystères de Mithra.[90]

La résurrection est un dogme essentiellement iranien ; il en est fait mention dans les *Gathas*, comme dans les livres très postérieurs. Les Grecs en savaient l'origine, et trois siècles avant notre ère, Théopompe expliquait le calcul des périodes cosmiques, qui devaient, d'après l'*Avesta*, précéder cette rénovation. Des Perses, ce dogme passa aux Juifs, qui ne semblent l'avoir adopté qu'avec répugnance. Les Esséniens et les Pharisiens l'avaient accepté, mais les Sadducéens, c'est-à-dire l'aristocratie conservatrice des Hébreux, le rejetaient. Elle s'accorde mal, en effet, avec la croyance au *sheol*, qui garde à jamais ses morts. Pour les Mazdéens, le monde a commencé au moment de l'exaltation du Soleil dans le signe du Taureau ; il doit finir quand le Soleil reviendra dans ce signe. Cette révolution comprend douze mille années. Elle se subdivise en quatre périodes ou saisons de trois mille ans. La dernière sera marquée par le triomphe d'Ormuzd et l'écrasement du démon, au milieu de la conflagration générale. Aux derniers jours, quand la terre sera « comme malade et semblable à la brebis qui tombe en frayeur devant le loup », la résurrection des corps s'opérera. Par la volonté d'Ormuzd, les éléments rendront ce qu'ils avaient repris aux corps après la dissolution de l'être. De la terre reviendront les os, de l'eau reviendra le sang, des arbres les poils et les cheveux, et la vie reviendra du feu, comme à la création des êtres. Mais il semble que cette résurrection de la

---

[90] Voir le *Yaçna* (trad. Darmesteter, chap. I à XI. Le repas mithriatique est très souvent représenté sur les monuments. Voir par exemple le monument de Bessapara (Thrace) décrit par Dumont.

chair doive être provisoire et limitée au temps réservé à l'expiation des méchants et à leur réconciliation définitive. Car il est dit que les hommes finiront par ne plus prendre de nourriture et que « leurs corps ne feront plus d'ombre ». Ils deviendront lumineux et semblables au soleil.[91]

La doctrine des chrétiens fut assez hésitante sur ces divers points. À vrai dire, la question n'existait pas pour la première génération du christianisme, qui croyait à l'imminence de la *parousia*. Saint Paul, qui a fait de la résurrection un des dogmes fondamentaux de sa foi, et qui croit qu'il verra de son vivant l'apparition du Christ sur les nuées, proclame qu'à ce moment les morts seront réveillés et que « les vivants seront changés ». Les uns et les autres renaîtront incorruptibles. « Ni la chair, ni le sang ne peuvent être appelés au royaume de Dieu, ni le corruptible à l'incorruptible. » Ils revêtiront un corps « psychique et spirituel » dont le type est fourni à l'apôtre par le corps du Christ transfiguré.[92] D'autres, essayant de préciser les données flottantes sur la vie future, préfèrent à une immortalité spirituelle dont la conception échappe à leur esprit, une palingénésie, une création nouvelle, et dans une Jérusalem splendide et matérielle, le règne du royaume de Dieu, enfermé dans une durée limitée. À mesure que les temps s'écoulèrent, sans amener le cataclysme final et promis, les difficultés se pressèrent. L'imagination des *millénaires* put se donner ample carrière dans la supputation de la redoutable échéance. Sagement, on finit par abandonner ces spéculations vaines aux sectes hérétiques. Toutefois sur un point essentiel une solution s'imposait. Entre la mort et le terme fatal fixé au monde, que devenaient les âmes ? Attendaient-elles le jour promis dans le morne repos et la froide insensibilité de la tombe ? ou, sitôt délivrées de la chair, étaient-elles admises à goûter l'active immortalité du bonheur ou de la souffrance ? Il semble bien que sur ce point les chrétiens, comme aussi les mithriastes, finirent par adopter l'opinion commune de leur temps, celle que la doctrine des mystères et la philosophie platonicienne avaient propagée. Car

---

[91] *Bundehesch*, chap. XXXI. — *Yaçna*, § 28, 30, 42, 43.
[92] Saint Paul, *Ep. ad Corinth.*, I, 15.

saint Justin écrit ; « La Sibylle et Hystaspe (le législateur des Perses, souvent confondu avec Zoroastre) ont annoncé la consomption par le feu des choses corruptibles et nous suivons leur opinion. Quand nous enseignons que les âmes des méchants doivent, après la mort, conserver le sentiment et être punies, celles des bons, libres de toutes peines, jouir de la béatitude, nous disons la même chose que vos poètes et que vos philosophes.[93] »

---

[93] Justin : *Apolog.*, I, chap. XVIII.

IV
LES ÉPREUVES ET LES GRADES

Dans tous les mystères, les divers degrés de l'initiation étaient précédés d'épreuves, qui avaient pour objet de s'assurer de la foi du candidat et de la solidité de sa vocation. On lui imposait une attente de quelques mois, ou de quelques jours, qui était occupée par la prière, le jeûne et des abstinences variées. Nous savons par Apulée comment on se préparait, sous la direction d'un prêtre, à l'initiation des mystères d'Isis. Les épreuves des mystères de Mithra passaient pour les plus longues et les plus rudes. La secte ne voulait admettre que des hommes trempés par la souffrance, dont aucune surprise des sens ne pouvait déconcerter la volonté, parvenus à cet état d'insensibilité qu'on appelait l'*apathie*. On disait que ces épreuves allaient parfois jusqu'au sacrifice de la vie ; soit que l'initié succombât à la violence de la douleur ou à sa durée, soit qu'il dût pousser l'esprit d'obéissance jusqu'à donner la mort, sur l'ordre de ses chefs. Il est possible qu'à une époque déjà lointaine le mépris de la vie et le fanatisme religieux aient conduit à ces extrémités ; de pareils exemples ne sont pas rares chez les sectaires orientaux. Mais, sous l'empire, Lampride nous assure que ces homicides étaient simulés et que l'empereur Commode se souilla d'un crime inusité, en faisant suivre d'effet le geste commandé, et en commettant un meurtre au cours de l'initiation. Plus tard, cette discipline dut encore fléchir, au moment de la grande faveur des mystères. Toutefois les mithriastes ne craignaient pas, par des rigueurs peu communes, de contenir l'empressement des fidèles ; ils savaient qu'il est dans la nature de l'homme de n'attacher de prix qu'à une récompense qui lui a coûté peine et douleur.

Les épreuves étaient au nombre de douze et duraient probablement quatre-vingts jours.[94] Ce chiffre se rapportait aux signes du Zodiaque et aux travaux de l'Hercule assyrien. Il rappelait ses douze victoires sur les monstres, gardiens des hôtelleries célestes, qui lui avaient mérité la tunique astrale et valu avec d'adoption des Dieux l'immortalité.[95] Dans tous les mystères, Hercule était le modèle proposé aux initiés, il était le myste parfait.

De ces épreuves graduées, d'abord légères, puis de plus en plus pénibles — Grégoire de Naziance les appelle des supplices — on ne connaît pas le détail exact. Elles comportaient des jeûnes prolongés, quelquefois de cinquante jours, dit Nicétas de Serres, l'abandon dans la solitude, l'épreuve des éléments, du feu, de l'eau, du fouet ; le patient était enfoui dans la neige, traîné par les cheveux dans des cloaques. Les injures et les dérisions s'ajoutaient à ces souffrances physiques.

Quelques-uns des monuments mithriaques, parmi les nombreuses figures dont ils sont surchargés, permettent de distinguer certainement les épreuves imposées à l'initié. La plupart sont malheureusement mutilés, ou le temps en a effacé le relief. Le monument d'Heddernheim nous montre, en trois médaillons séparés par des pins, le myste vainqueur du taureau, le myste ceint de la couronne héliaque, c'est-à-dire, d'une auréole radiée, le myste introduit par la main de Mithra dans le ciel des bienheureux. C'est là comme la synthèse des épreuves avec la récompense qui les couronne. Un des plus complets de ces monuments, celui de Mauls en Tyrol, offre, des deux côtés de l'image du tauroctone, douze compartiments superposés, où sont représentées distinctement l'épreuve du feu, celle de l'eau (un homme luttant à la nage contre le courant d'une rivière), celle du jeûne ou de la solitude (un homme couché nu dans un désert semé de rochers), celle du fouet, à moins que l'instrument brandi par le

---

[94] C'est ce qui ressort des textes de Nonnus, commentateur de Grégoire de Naziance, d'Élias de Crète, de Nicétas de Serres, du *Violarium* de l'Impératrice Eudoxie. Voir Grég. de Naziance : *Orat. 3 in Julian*.

[95] (1) Dion Chrysost. : *Orat.* 33. Porphyre cité par Eusèbe ; *Præpar. Ev.*, lib. III, c. XI. Servius : *In Æneid*, lib. VI, v. 294.

tortionnaire ne soit le poignard, destiné à donner au myste l'illusion d'une menace de mort. Les compartiments de droite semblent consacrés à l'anabase, ou plutôt marquent les étapes vers l'apothéose. Ils nous font voir le myste reçu en grâce et pardonné, puis couronné par la main de Mithra du diadème héliaque, monté enfin sur le char que dirige le Soleil et accueilli dans le ciel par des personnages, qui sont ou les dieux ou les bienheureux. La lecture de ce curieux monument doit se faire, croyons-nous, d'abord à gauche, puis à droite, en commençant dans les deux cas par la base. Au bas de la première série est figuré le taureau, seul et debout sur ses quatre pieds ; dans le compartiment qui lui répond à droite, et qui précède la scène de l'ascension vers la lumière, le taureau est vaincu, traîné par les pattes de derrière. Le même motif, avec des variantes, est se produit en plusieurs monuments. Dans ceux de Sarmizægetuza et d'Apulum, le taureau debout est monté ; l'homme fait corps avec la bête. Dans celui de Neuenheim la légende est développée. Entre le taureau debout et le taureau traîné par les pieds, s'intercalent deux médaillons représentant, l'un, l'homme portant la bête dans l'attitude de l'Hermès criophore, l'autre l'homme entraîné par la bête au galop. S'il n'est pas trop hasardeux de chercher l'explication de ces symboles, je dirais que le taureau debout me semble représenter le principe matériel et charnel, dont l'initié doit se libérer pour mériter la récompense, le taureau vaincu signifier la victoire du myste. Les figures intermédiaires marqueraient les péripéties de la lutte. Dans nombre de cylindres chaldéens la défaite du monstre mythique s'exprime par des attitudes presque semblables.[96] Du monument de Zollfeld, il ne reste que la scène de l'apothéose. Nous la citons, parce que l'enlèvement du myste sur le char du Soleil, précédé d'un Hermès psychopompe, reproduit exactement le dessin d'un vase grec représentant l'entrée d'Hercule dans l'Olympe.[97]

Les épreuves surmontées permettaient l'accès aux grades. La religion mithriaque instituait ainsi parmi les initiés une hiérarchie rigoureuse, selon le de-

---

[96] Dans le mémoire de R. Rochette, *Insc.* et 8. L., Tom. XVII. Voir pl. II, n° 9 ; pl. V, n° 7, 13. pl. VI de 1 à 13.
[97] Gerhard. *Antik. Bildwerke Cent.* I.

gré d'instruction ou l'intelligence de chacun, son dévouement à la communauté et les services rendus. Cette organisation avait l'avantage d'inculquer aux fidèles le principe d'obéissance, de les discipliner et de susciter entre eux une émulation salutaire. Le mithriacisme avait par là, avec ses mots de passe et ses signes mystérieux, comme on l'a souvent fait remarquer, quelque analogie avec la franc-maçonnerie.

On n'est d'accord ni sur le nombre des grades, ni sur leur ordre, ni même sur leurs noms. Le passage de saint Jérôme dans la lettre à Læta, où ils sont énumérés, est un des plus contestés des manuscrits et d'une lecture très incertaine. Lajard, tourmenté par l'idée fixe de retrouver partout le nombre douze, s'est évertué à créer des noms nouveaux, dont son imagination a fait tous les frais. Une saine critique commande de n'admettre que ceux que mentionnent expressément les textes anciens et les inscriptions. Or ils sont au nombre de sept, répondant ainsi à celui des planètes et aux degrés de l'échelle mystérieuse de Celse. Ce sont, les Miles, le Léo, le Corax, le Gryphius, le Persès, l'Hélios, le Pater. La réception à chacun de ces grades était l'occasion d'autant de fêtes, dont les inscriptions gardaient le souvenir ; les léontiques, les coraciques, les gryphiques, les persiques, les héliaques, les patriques.

Que signifient ces noms bizarres, empruntés pour la plupart à des êtres et à des animaux, soit réels, soit fantastiques, et à quelles conceptions répondent ils ? Le problème est des plus malaisés ; il a embarrassé les anciens eux-mêmes plus voisins que nous de tels usages ; et ils n'ont pu lui donner une solution précise et satisfaisante. Plusieurs hypothèses se présentent à l'esprit. Ces animaux représentaient ils les instincts primitifs de l'humanité, l'animalité primordiale dont le myste devait peu à peu se dépouiller pour libérer son âme ? Plutarque au contraire voit dans les animaux des miroirs fidèles que nous offre la nature et démêle en eux des traits d'obscure similitude avec la puissance divine, comme le soleil se reproduit dans la goutte d'eau. Il explique ainsi l'adoration des animaux par les Égyptiens ; elle ne serait que la survivance d'un culte totémique, antérieur à l'organisation sacerdotale, et que l'on a observé au berceau de plusieurs peuples sauvages. Les quatre monstres qui apparaissent au prophète Ézéchiel, ceux en même nombre qui, dans l'Apocalypse, gardent le trône de Dieu, semblent rentrer dans la même formule ; ils expriment des manifestations de la puissance divine, ses propres attributs, sagesse, puissance, omniscience, pouvoir créateur. La signification des animaux mithriaques nous paraît toute différente. Porphyre émet, avec quelque restriction, l'idée qu'ils pourraient bien se rapporter à une doctrine de la transmigration des âmes, et que les mithriastes admettaient une sorte de parenté et de communauté entre l'homme et les animaux.

L'incertitude et les hésitations de Porphyre montrent à quel point restaient encore indécises les notions des contemporains sur la doctrine secrète des mystères. En réalité, la métempsycose est absolument étrangère au mithriacisme, comme elle l'est aussi aux religions d'Égypte ; l'erreur n'a pu venir que d'une confusion favorisée par les idées pythagoriciennes et les vagues connaissances qu'on pouvait avoir à Alexandrie du système religieux de l'Inde. Mais le même Porphyre nous met sur la voie de la solution véritable, en nous rapportant un passage de Pallas, dont il n'a pu clairement pénétrer le sens. « L'opinion commune, dit cet historien, est que ces noms d'animaux et de monstres ont trait au zodiaque ; mais en réalité les mithriastes veulent faire entendre ainsi certains secrets sur l'âme, *qu'ils représentent comme revêtue de diverses enveloppes corporelles*.[98] » Que l'on veuille bien se reporter à l'explication que nous avons donnée de l'anabase et de la catabase, à ces voyages de l'âme à travers les planètes, à ces enveloppes de plus en plus matérielles qu'elle reçoit à chacune de ces stations et qu'elle dépouille ensuite pour recouvrer sa pureté et sa spiritualité ; on reconnaîtra que les travestissements successifs imposés à l'initié répondent à ces voyages planétaires, aux personnalités différentes qu'il revêt à chacune de ces stations, l'allègement progressif qu'il en doit ressentir dans sa matérialité, à l'être nouveau qu'il devient à chaque étape vers la perfection et la vie bienheureuse.

---

[98] ας πκντοδαποθς περιέχεσθπ σώμασι λέγουσιν.

Il resterait à savoir quelles secrètes affinités les mithriastes supposaient entre les êtres symboliques qui figuraient les grades de l'initiation et les vertus des planètes. Mais ces rapports restent inconnus. Une telle explication a du moins pour elle de rentrer exactement dans l'esprit de l'enseignement dogmatique des mystères, elle est logique et en conformité avec la doctrine. Peut-être pourrait-on la compléter, en admettant que, sous chacun de ses aspects nouveaux, le myste reflétait quelqu'une des vertus ou des actions particulières de Mithra, considéré, tour à tour, comme le guerrier courageux en lutte contre le mal, le principe du feu, le messager de la saison de vie, le sauveur des hommes, etc. Les deux explications sont plausibles, et n'ont rien d'exclusif ni de contradictoire. Ajoutons encore que les mithriastes n'étaient pas seuls à user envers les initiés de ces désignations bizarres. Les inscriptions révèlent des bœufs, des bouviers et des archibouviers dans les mystères de Sabazios et de Liber, des chevreaux dans les Orphiques, des ours et les boucs dans le culte de l'Artémis d'Éphèse.

Nous devons à Tertullien quelques renseignements sur la réception du Miles.[99] Le myste, vainqueur des épreuves, doit refuser la couronne qui lui est présentée sur une épée ; il la fait glisser sur son épaule et répond : « Mithra est ma seule couronne. » Comme le soldat enrôlé dans l'armée romaine, il est alors marqué d'un signe au front et fait partie de la milice sacrée.[100] Le *lion* n'est plus un simple initié, il est déjà attaché au service du dieu ; la plupart s'en tenaient à ce grade. Les femmes elles-mêmes pouvaient y prétendre et recevaient le nom de *lionnes*.[101] La réception donnait lieu à d'étranges et obscures cérémonies, dont le sens nous échappe en partie. Le myste revêtait successivement les formes de divers animaux, dont il devait imiter les cris et les mouve-

---

[99] Tertullien : *De corond*, cap. XV.
[100] Les initiés d'autres cultes, de celui de Cybèle par exemple, recevaient de même un signe particulier. Sur la marque des soldats, voir *Acta Maximiliani* et aussi Végèce, II, 5.
[101] Porphyre : *De abstin.*, IV, 16.

ments.[102] On l'enveloppait du manteau mystique, bariolé des figures des constellations, semblable au voile olympique des éleusinies et des isiaques, à l'*astrochitôn* d'Hercule et à la nébride des dionysiaques. On lui purifiait avec le miel les mains, la bouche et la langue. Le *corbeau* était déjà un ministre inférieur du culte[103] ; son nom venait de la constellation, dont le lever héliaque annonce le solstice d'été ; pour la même raison, chez les Grecs, le corbeau est consacré à Apollon[104] ; son image figure sur presque tous les monuments au-dessus ou à côté du tauroctone.

L'étrange figure du *Griffon*, qui participe à la fois du lion et de l'aigle, dénonce par cette parenté seule des rapports certains avec les religions solaires. Il apparaît sur les monuments assyriens et chaldéens de toute époque. Le motif du griffon vainqueur du taureau, du bélier, du cerf, illustre nombre de médailles et de vases orientaux et grecs ; il se substitue à celui du lion, comme lui symbole du principe igné qui triomphe du principe humide, figuré par les animaux herbivores. Les Grecs l'adoptèrent et lui firent place dans leur mythologie. Sur des vases Bacchus est représenté traîné par un griffon. Il sert de monture à Apollon quand le Dieu revient du pays des hyperboréens. Il est le gardien de l'or et des trésors cachés et son nom est associé à d'innombrables légendes orientales.

Bien plus intéressante est la figure du *Persès* ; plus mystérieuse son origine. L'antiquité l'a identifié au Persée grec ; il paraît avoir été dans les âges primitifs de la Grèce le premier exemplaire, le prototype du dieu solaire, vainqueur du dragon et du serpent. Son nom est mêlé aux plus lointaines légendes qui établissent les rapports mythiques des populations asiatiques avec les races qui bâtirent Argos et Mycènes. Xercès, peut-être pour flatter la vanité des Grecs et se gagner parmi eux des sympathies, publiait la parenté de sa race avec le héros qui délivra Andromède. Hérodote, de qui nous tenons ce détail, donne ailleurs

---

[102] Idem, *ibid.* : « Alii sicut aves alas percutiunt, vocero coracis imitantes, alii vero leonum more fremunt. » (*Quæstiones veteres*, attrib. à saint Augustin. Migne, t. XXXIV, p. 2214.)
[103] Porphyre ; *De abst.*, IV. 16, ὑπερετουντες.
[104] Ælien, *De anim.*, cap. XVIII.

à Persée le nom d'» assyrien.¹⁰⁵ » Et telle paraît bien être son origine. Phérécyde rattache son mythe à la Phénicie, et l'on montrait en effet près de Joppé le rocher où fut enchaînée la victime du dragon. Cette légende, remonterait plus loin encore, s'il faut voir, comme le croit Oppert, en Persée, le héros assyrien d'une aventure semblable à la délivrance d'Andromède.¹⁰⁶ Dion Chrysostome, Ammien Marcellin font de Persée le fondateur de Tarse, cette ville, une des plus vieilles de l'Asie, dont l'origine assyrienne est incontestable et qui avait pour Dieu national ce Sandan, dont nous avons relevé l'étroite parenté avec Mithra.¹⁰⁷

Non moins curieux sont les éléments de la légende empruntés aux traditions persiques. Saint Justin qui semble attacher une importance toute particulière à Persée, nous met sur la voie de ces recherches. Il y revient à deux reprises dans son *Apologie* et dans le *Dialogue contre Tryphon*. Il voit en lui le Sauveur, né d'une vierge, que le démon oppose au Christ.¹⁰⁸ Ce Sauveur ne serait-il pas ce Çaoshyo fils de la vierge Eredat-Fedhri, né de la semence de Zoroastre, et qui doit accomplir le dernier sacrifice et sauver aux derniers jours l'humanité ? Comme les autres génies de la Perse, il finit par se confondre avec Mithra et par perdre en lui sa personnalité. L'*Avesta* fait une claire allusion à sa destinée, le Bundehesch développe son rôle ; les légendes arméniennes et par ses conservent à travers tout le moyen âge le souvenir de sa miraculeuse origine.¹⁰⁹

---

[105] Hérodote, VI, 54 ἐων Ἀσσύριος.
[106] Voir *Rev. archeol.*, 1892 ; Lenormant, *L'épopée babylonienne* ; Ælien : *Histoire des animaux*, XII, 21.
[107] Dion Chrysost. : Orat., 23. *Sur Tarse* ; Ammien Marc. *Hist.* XIV.
[108] S. Justin : *Dial. cont. Triph.*, cap. LXX. « Quando autem ex Virgine audio Perseum, id quoque fraudulentum serpentem imitatum intelligo ». *Apol.*, I. ch. LIV. « Quum autem illud raidissent ex Virgine nasciturum et per se ipsum in cœlum ascensurum, perfecerunt ut Perseus diceretur. »
[109] Avesta. *Yescht des Ferouërs, carda*, 30 ; *Bundehesh*, Cap. XXXII ; Voir J. Darmesteter ; Études iraniennes. Tom. II, p. 208.

Le grade d'*Hélius* ou d'*Héliodromus* porte avec lui son explication solaire. Dans les monuments mithriaques, on voile l'Hélius, la tête ceinte de rayons debout à côté de Mithra sur le char qui le conduit au ciel.[110]

Quant aux *Patres*, ils constituaient le clergé proprement dit ; on leur donnait le nom d'*éperviers* et d'*aigles*. Porphyre distingue parmi eux trois degrés de prêtrise, que les inscriptions mentionnent également ; les pères, les pères du culte (*patres sacrorum*) et les pères des pères (*patres patrum*).[111] Le père des pères était le chef suprême de la religion. Il est intéressant de noter que les mêmes degrés se retrouvent encore de nos jours chez les parsis de l'Inde, au témoignage d'Anquetil ; le *hobed*, qui a la connaissance des livres sacrés et des coutumes, le *mobed*, qui est l'ancien mage, et le ministre du culte ; le *mobeddestour*, le chef religieux, chargé d'interpréter les difficultés de la loi, et dont la décision est souveraine.

---

[110] Il semble qu'on doive lire *Héliodromus* dans le manuscrit de saint Jérôme. (*Lettre à Læta*). Le même terme se lit sur une inscription de Phrygie publiée par Ramsey, en 1883.
[111] Porphyre : *De abstin*, IV, 16 ; confirmé par saint Jérôme, *Ep. 52, contra Jovinianum*.

V
SUCCÈS ET DÉCADENCE DU MITHRIACISME

Le mithriacisme a dû le succès éclatant de sa propagande à bien des causes différentes. Voici, croyons nous, les deux principales :

En lui le paganisme a trouvé la forme du monothéisme, auquel, à la dernière période de son évolution, il devait aboutir, sous la double influence de la philosophie et de l'enseignement des mystères. Presque tous les dieux des religions anciennes sont des dieux de l'atmosphère, des dieux de lumière. Zeus est le frère, très reconnaissable, de l'Ahura persan, du Varuna et de l'Indra védiques. Sur ces données premières, très vagues et relativement simples, le génie plastique et anthropomorphique des Grecs a brodé les brillantes fantaisies de sa mythologie. Il a distingué et précisé, mis de l'ordre et de la clarté dans le monde divin. Par une série de dédoublements il a multiplié ses dieux et traduit en drame et en action la physique céleste. Or voici qu'à la fin des temps, grâce à des simplifications facilitées par l'identité de nature, ces dieux tendent à revenir à l'unité première. Ces fils de la lumière s'absorbent dans le grand luminaire, foyer de toute clarté. Mais ce syncrétisme ne date pas seulement du IIIe et du IVe siècle de notre ère. Il a été de tout temps dans l'esprit de la Grèce et de Rome, en même temps que la tendance contraire à l'individualisme et à la variation. Grecs et Romains donnaient les noms de leurs dieux à toutes les divinités des barbares. C'est par un pareil travail de simplification que l'hellénisme s'était imposé à Rome et qu'une première fois s'était opérée la fusion des deux mythologies. Rome à son tour avait transformé en ses propres divinités les dieux des peuples qu'elle avait conquis. Même la Tanit de Carthage, elle l'avait revêtue du nom et des attributs de la Junon céleste.

Il lui fut plus malaisé d'absorber les dieux orientaux qui ont une personnalité plus tranchée, et qui pénètrent à Rome avec leurs adorateurs et leur sacerdoce. La supériorité de l'Orient, en matière religieuse, s'affirma pour la première fois. Rome ne put rien gagner sur ces intrus, et ce fut elle qui céda. Il se fit entre les divinités correspondantes un échange continuel de dévotions et d'attributs. La pénétration fut réciproque, bien qu'elle s'opérât plutôt au profit de l'Orient, et les dissemblances en vinrent à s'atténuer, au point que le Jupiter du Latium ne différa plus sensiblement de Sérapis ou de Mithra. Ceux-ci à leur tour s'enrichirent du trésor accumulé de la pensée grecque ; la conception de la divinité s'élargit et s'épura, et ces dieux égyptiens, syriens et persans se rapprochèrent du dieu de Platon et de Philon.

Déjà nous avons vu qu'Élagabal avait essayé de subordonner tous les dieux de l'empire à son dieu d'Émèse, le Baal de Syrie. Les folies exotiques de ce maniaque discréditèrent sa tentative, d'ailleurs prématurée. Plus heureux, Aurélien, sous prétexte d'unifier les dieux solaires, consacra l'empire au *Sol invictus*. Mais pour le plus grand nombre bientôt, le Soleil, ce fut Mithra, qui, par la vogue croissante de ses mystères, dériva à son profit le courant créé par la nouvelle religion officielle. Dès lors c'est à lui que, par des détours subtils, tous les dieux sont peu à peu ramenés. L'empereur Julien, dans son traité le *Roi Soleil*, montre déjà comment toutes les divinités de l'Orient et de l'Occident peuvent rentrer les unes dans les autres et se réduire au seul Mithra ; qu'une seule intelligence, une seule providence agit sur le monde sous des noms différents et qu'elle seule communique son action aux anges, aux génies, aux héros et aux âmes, qui veillent sur tous les mouvements du monde, de la nature et de l'âme.[112] Mais le théoricien par excellence du syncrétisme païen fut Macrobe. Ses *Saturnales* en sont comme le manifeste. Dans ce dialogue, imité de ceux de Platon, l'homme qui par le prestige de son rang, par son autorité et par sa science sacerdotale, dirige la conversation, résume les avis et donne le ton aux débats, n'est autre que Prælextatus, le préfet de Rome et le père des pères du culte de Mithra. Parmi les interlocuteurs figurent les plus grands noms de l'aristocratie païenne, Symmaque, le jurisconsulte Postumius, Flavien, Avienus

---

[112] Julian, XII-XVI.

Nicomachus, le philosophe Eustathius, le grand médecin Disarius, le grammairien Servius, tous personnages réels, qui ont marqué dans l'histoire ou dans les lettres, et dont les recueils d'inscriptions nous énumèrent les fonctions et les dignités. C'est devant cette assemblée que Prætextatus s'évertue à démontrer l'identité originelle et foncière de toutes ces divinités que l'ignorance et l'erreur ont seules séparées et opposées.

C'est ainsi que par l'effet d'un syncrétisme effréné toute démarcation en vient à s'effacer entre les religions les plus disparates. Les dieux, jadis hostiles comme les cités, se réconcilient dans l'unité romaine. Les traits particuliers de leur physionomie s'émoussent ; leur personnalité se perd ou s'échange. Chacun d'eux devient à son tour tous les Dieux. Cette fusion s'opère au profit surtout du dieu solaire. L'œuvre commencée dans les sanctuaires d'Orient, poursuivie dans les mystères de la Grèce, s'achève aux derniers siècles du paganisme dans la pleine faveur des mystères renouvelés. Bacchus, qui n'était déjà plus que le prête nom d'Apollon pendant les saisons d'automne et d'hiver, s'identifie avec Osiris et Sérapis, et finit par prêter ses formes ambiguës et ses attributs à Mithra lui-même. Comme Zeus, comme Sérapis, Hélios, et sur tout Hercule, il devient un *Invictus*. La personnalité orientale de l'Hercule grec, longtemps dissimulée sous les fantaisies anthropomorphiques des poètes, reparaît dans tout son éclat. Pour les contemporains de Porphyre, il n'est plus que le Soleil et la fiction des douze travaux que sa marche dans les douze signes.[113] Pour Plutarque, Hercule « est incorporé au soleil et accomplit avec lui son tion.[114] ». Dans ses *Dionysiaques* ; le poète Nonnus accumule sur lui la gloire de tous les dieux. » Hercule à la tunique astrale, prince du feu, gouverneur du cosmos, qui sur le disque brûlant du soleil, pousse ses chevaux sur la voûte de l'écliptique, bélier de l'Euphrate, Hammon, Apis, Zeus assyrien, Sérapis, Kronos, Phaéton, Mithra, Soleil de Babylone, Éros.[115] » J'arrête ici l'énumération.

---

[113] Porph. dans Eusèbe ; *Præpar. Evang.*, L. III, c. II). Voir aussi Servius. *In Æneid*, lib. VI, v. 294.
[114] Plut. : *De Isicle*, CXLI : τω ἡλίω ἐνιδρυμένον συμπεριπολειν.
[115] Lib. XL, v. 375.

J'arrête ici l'énumération qui n'est pas close. Le dieu Janus, trouvé jadis si rebelle à toute identification qu'on le reléguait seul dans un coin du ciel, rentre maintenant dans le système général. Lui aussi a droit à sa part de divinité solaire. Car il ouvre l'année avec le solstice d'hiver ; il compte douze autels, en l'honneur des douze mois, et ses deux mains portent le chiffre de 365. L'hymne curieux à Attis, conservé dans les *Philosophoumena*, montre le dieu syrien identifié à la fois à Pan, à Bacchus, à Sabazius, à Saturne, à Zeus, à Adonis, à Sérapis, à Men, à l'Adam de Samothrace etc.[116] Toutes ces divinités se fondent en un amalgame mystique, se mêlent, figurent côte à côte dans les inscriptions. Il en est de même des déesses ; Junon, Aphrodite, Démêler, Athénée, Hécate se distinguent à peine ou ne se distinguent plus des Astarté ou des Isis. On connaît les belles litanies de l'Isis myrionyme d'Apulée.[117] La plupart d'ailleurs ne sont que le dédoublement des dieux mâles, leur face ou leur miroir, comme disaient les Phéniciens de leur Bélith. Leur personnalité n'est que d'emprunt et de reflet, comme l'éclat de la lune réfléchit celui du soleil. Tous les panthéons païens aboutissent à l'apothéose du dieu solaire, dont le vrai nom pour le plus grand nombre est Mithra.[118] C'est ainsi que dans les compositions mithriaques, le tableau se charge de plus en plus de divinités, traitées à la grecque ou à la Romaine, en qui l'on a peine à reconnaître les génies de la Perse et de la Chaldée. L'astre naissant chasse des monstres anguipèdes qui ressemblent aux Titans, ennemis de Zeus. Les cinq planètes révèlent les corps des divinités de l'Olympe et la cour de Jupiter remplace le *béhesht* ou le Paradis persan.[119]

En même temps et par les voies concordantes, la philosophie néoplatonicienne aboutissait à des conclusions identiques. Mêlant l'astrologie aux spéculations théologiques et la théurgie à la dialectique, elle proclame l'*Un*,

---

[116] *Philosoph.*, lib. V, 169-171.
[117] Apulée : *Métam.*, lib. XI.
[118] Sur le syncrétisme de ces derniers siècles, je renvoie aux chapitres du beau livre de J. Réville ; *la Religion sous les Sévères*.
[119] Monument d'Osterbrücken.

principe de toute chose, dont la manifestation sensible est le soleil. Il y a parité étroite de doctrine entre Macrobe et Proclus.

Ce fut surtout sa morale active et pratique qui valut au mithriacisme la faveur des derniers Romains.

La morale est l'expression la plus fidèle des forces intimes et réellement efficaces d'une religion. Elle en représente le suc et la moelle. Quand cette sève tarit, la religion dépérit et meurt, réduite à de simples rites et à des formules, comme la plante desséchée à des fibres sans nourriture. Mithra mérita sa fortune par ce qu'il sut garder de la pureté du culte de Mazda. S'il se dépouilla d'une partie des formes rituelles, presque aussi touffues et aussi minutieuses que celle du *Talmud*, il en conservera du moins l'esprit général et les directions spirituelles.

Le mazdéisme est par essence une religion morale. Elle tient tout entière dans la lutte de la lumière contre les ténèbres, du bien contre le mal et dans la victoire du premier principe. Le drame céleste, transporté dans le domaine de la conscience, gouverne la vie du croyant et commande toutes ses actions. La condition de la victoire est l'effort, effort de toutes les heures et que rien ne peut décourager. Les *ferouers* eux-mêmes n'acceptent la déchéance d'un corps mortel, que par vaillance et pour aider Mazda dans le combat universel contre le mal. Aussi à l'exemple de Mithra, le guerrier infatigable, qui ne dort ni jour ; ni nuit, le mithriaste est avant tout un soldat, et le mithriacisme une milice. En cette doctrine, les Romains sentaient revivre, avec la résignation et l'abstention en moins, l'allégresse de l'action en plus, quelque chose de l'esprit du stoïcisme, qui deux siècles auparavant, avait eu pour eux tant d'attrait ; en même temps qu'ils y trouvaient un ensemble de dogmes qui répondait mieux à l'état présent de leurs âmes.

Dès leur premier contact avec les Perses, les Grecs furent frappés par la supériorité morale de ce peuple de montagnards qui faillit conquérir le monde et ils sentirent pour lui une vive admiration. On connaît le mot d'Hérodote :

« Les Perses apprennent trois choses à leurs enfants ; à monter à cheval, à tirer de l'arc et à ne point mentir ». Il vante la sûreté de leur parole et de leurs engagements. « La poignée de main d'un Perse, écrira Diodore, est le gage le plus certain d'une promesse. » Parole conforme à cette belle sentence de l'*Avesta* : « Le contrat doit tenir envers le fidèle comme envers l'infidèle. » Défense est faite au mazdéen de contracter une dette ; car la dette induit au mensonge, qui est le plus grand péché contre Mithra. Xénophon, qui est un témoin, écrit son roman de la *Cyropédie*, comme plus tard Tacite sa *Germanie*, pour opposer l'éducation virile et réservée des Perses, à la vie frivole et dissipée des jeunes gens d'Athènes ; et Platon lui-même reconnaîtra que leur culte est le plus pur que l'on rende aux dieux.

Religion à base pessimiste, puisque pour elle la vie est une épreuve de l'âme et une diminution de l'être, le mazdéisme ne conclut pas, comme le bouddhisme, à la suppressine de l'action et à l'anéantissement de la pensée. Il ne verse pas, comme quelques sectes chrétiennes, dans un ascétisme stérile. Le roi Yézdegerd reprochait aux chrétiens de ses États « de louer la mort et de mépriser la vie, de ne point faire cas de la fécondité de l'homme et de vanter au contraire la stérilité, de sorte que, si leurs disciples les écoutaient, ils n'auraient plus aucun commerce avec les femmes, ce qui amènerait la fin du monde ». Au contraire, le Persan a le goût le plus vif de la vie et de l'action. Ce n'est pas dans la résignation, mais dans la lutte qu'il fait consister la vertu. Multiplier la vie et les œuvres, de vie, c'est accroître le domaine de Dieu. La vie est le moyen que la divinité nous donne pour mériter les récompenses futures. « Quelles sont, demande Zarathustra, les trois choses qui causent le plus de joie à la terre ? — C'est d'abord, répond le dieu, la piété de l'homme juste ; puis c'est là où un homme juste se bâtit une demeure, pourvue de feu, pourvue de bétail, de femmes, d'enfants et de gens de service excellents ; la troisième, c'est là où se cultive le plus de grains, d'arbres, de pâturages et d'arbres portant des fruits, où l'on arrose les terrains secs et l'on dessèche les terrains humides. » « Qui sème le blé, sème la sainteté, il fait marcher la loi de Mazda. » L'homme marié, dit encore le législateur, est préférable à celui qui ne l'est pas ; le père de famille à celui qui n'a pas d'enfants ; le possesseur de terres à celui qui n'en a point. »

La loi de Mazda, est une loi de pureté. Ce n'est pas seulement la pureté rituelle qu'elle prescrit, mais la pureté en paroles, en pensées et en actions. Il n'est pas de formule qui revienne plus souvent dans l'Avesta. Elle condamne dans les termes les plus sévères la prostitution, l'infidélité, les manœuvres abortives, la séduction des jeunes filles. Elle vante la sainteté de l'état de mariage et l'avantage d'une nombreuse postérité. Elle fait au riche un mérite de faciliter l'établissement des filles pauvres. Ces maximes devaient plaire, aux Romains, qui depuis Auguste, multipliaient les lois contre le célibat, la dépopulation de l'Italie, la ruine de l'agriculture et l'extension menaçante des terres infertiles. La religion, par ces opportunes prescriptions, prêtait au législateur son autorité pour conjurer un mal, contre lequel toutes les forces de l'État s'avouaient impuissantes.

À ces jugements pratiques sur la dignité de la vie et l'utile emploi de l'activité humaine, l'*Avesta* joint un sentiment très élevé et très délicat de la beauté morale. Je sais peu de pages, dans les littératures antiques, plus poétiques et plus gracieuses que celles qui décrivent la mort du juste. « Dès que la lumière commence à poindre, l'âme de l'homme juste se trouve au milieu des plantes. Un souffle parfumé lui arrive du côté du midi. L'âme aspire ce souffle. Alors de ce parfum s'avance vers lui sa propre nature, sous la forme d'une jeune fille, belle, brillante, aux bras vermeils, de taille élancée et droite. — Qui es-tu, toi, la plus belle des jeunes filles que j'ai jamais vues ? — Alors sa propre nature lui répond : Je suis tes bonnes pensées, tes bonnes actions, la nature même de ton être propre. — Qui t'a parée de cette grandeur, de cette excellence, de cette beauté, qui répandent une odeur parfumée telle que tu te présentes devant moi ? — C'est toi, ô jeune homme, qui m'as parée de la sorte. Lorsque tu voyais ici-bas quelqu'un pratiquant les œuvres du mal, se rendant coupable de séduction ou d'oppression, tu t'inclinais en l'avertissant, récitant devant lui les *gâthas* à haute voix. Ainsi tu m'a rendue, moi aimable déjà, plus aimable encore, belle, plus belle, désirable, plus désirable. »

Quelques auteurs, pour avoir abordé, peut-être avec quelque prévention, l'étude du mithriacisme, ont contesté la pureté de sa doctrine et prétendu faire de ses mystères une école de vice et d'immoralité.[120] Cette thèse est fondée sur un document unique, dont l'interprétation reste fort douteuse. Il s'agit de la curieuse et énigmatique sépulture trouvée dans le cimetière chrétien de Prétextat à Rome. Là, sont inhumés à côté l'un de l'autre, Vincentius qui s'intitule *muninis antistes Sahazis*, prêtre du dieu Sabazius, et Aurélius — SDSIM — ce qui peut se lire *sacerdos dei Solis invicti Mithræ*, pontife du dieu Soleil invaincu Mithra. La tombe du premier est ornée de deux fresques ; L'une représente le banquet de sept prêtres ; l'autre nous peint la destinée de Vibia, l'épouse défunte. de Vincentius. Entraînée dans les enfers, elle comparaît devant le tribunal où siègent Dis Pater et Abra Cura, c'est-à-dire Pluton et la bonne déesse Cora. Elle est assistée par Alceste, le type de l'épouse fidèle, qui par son dévouement à son mari a mérité de revivre, et symbolise ainsi la résurrection. Reconnue indemne de fautes, elle est introduite par son bon ange (*angelus bonus*) dans la salle du banquet des justes. Une inscription mutilée accompagne la fresque et place ces paroles dans la bouche de Vibia ; *plures me antecesserunt, omnes expecto. Manduca, bibe, lude et veni ad me. Cum vives benefac hoc tecum feres* » On peut traduire « Plusieurs m'ont précédé et j'attends tous (les autres) ; mange, bois, joue, et viens à moi. *Fais toi du bien tant que tu vivras, cela seul tu l'emporteras avec toi* » ou « *Fais le bien tant que tu vivras*, tu n'emporteras que cela dans la tombe. » La tombe d'Aurélius est sans peinture ; à côté seulement sont dessinées deux figures, en qui l'on prétend reconnaître le *miles* de Mithra ; au sommet de l'*arcosolium*, est figurée une Vénus nue, entourée des emblèmes

---

[120] Allard (*Dernières persécutions*) : p. 220 et suiv. « Il n'impose à ses fidèles ni austérité, ni renoncement, ni vertu. Les tombes des prêtres et des initiés montrent des peintures immorales, des sentences matérialistes, mêlées à des images qu'on croirait échappées d'un pinceau chrétien. — Il se propage surtout dans les camps, séjour des vices grossiers et des généreuses vertus. » Au contraire, voir Tertullien ; *De coronâ*, c. XV, le passage qui commence ainsi : Erubescite, commilitones ejus, jam non ab ipso judicandi, sed ab aliquo Mithræ milite « Et Idem : *De prescript.*, c. XL ; « Et summum pontificem unius nuptius statuit ; habet et virgines, habet et continentes. »

des quatre éléments. On lit sur une inscription ces paroles étranges ; *Qui basia, voluptatem jocum alumnis suis dedit.*[121] »

La singularité de cette tombe appelle quelques remarques nécessaires.

À part l'inscription SDSIM, dont le sens est hypothétique, rien n'y suggère l'idée du culte et des mystères de Mithra. La Vénus nue, vue de dos, environnée des quatre éléments, fait penser à une déesse-nature de la Phrygie ou de la Chaldée. On ne la retrouve sur aucun monument mithriaque authentique. L'absence même de toute figure féminine sur ses monuments est une des particularités signalétiques du mithriacisme. Le personnage lauré, en qui l'on a cru reconnaître un *miles*, me paraît douteux. Le *miles* des mystères, si on lui présente une couronne, doit la repousser et répondre ; *Mithra est ma seule couronne*.

Tout au plus pourrait-on supposer que l'Aurélius du cimetière de Prétextai, appartient à quelque secte dissidente issue du Mithriacisme, à quelque hérésie mithriaque. L'hypothèse n'aurait rien d'impossible. À l'ombre des églises officielles, à côté d'elles et contre elles pullulaient des sectes pareilles, témoignage de la fermentation religieuse qui agita les derniers siècles du paganisme et les premiers du christianisme. J. Darmesteter nous apprend qu'en Perse, après la réforme du Sassanides, plusieurs sectes à tendances épicuriennes se réclamaient du Zoroastrisme. Bien qu'illégitime, cette descendance s'explique par cet amour de la vie et des œuvres de vie qui éclate dans les versets de l'Avesta et que le livre sacré concilie avec les prescriptions les plus minutieuses concernant la pureté.

Sans recourir à cette hypothèse, on ne saurait trop s'étonner de l'opposition qui éclate entre le texte des inscriptions et les tableaux qu'elles semblent devoir illustrer. C'est la descente d'une âme pure aux enfers que ceux-ci représentent, sa justification et son admission au ciel des bienheureux. Un bon ange l'accompagne et Alcestre l'escorte, l'épouse modèle, qui pour son

---

[121] Voir Garucci : *Mystères du syncrétisme phrygien* (Cahier et Martin, t. IV). Le Blanc : *Inscr. chrét. de la Gaule*, T. II, p. 711 Lenormant : *Rev arch.*, t, 29, ann. 1815. Rossi : *Bullet.*, 1810.

dévouement mérita d'être ressuscitée. Et c'est de la bouche de cette Vibia, femme aimée et honorée par son mari, que sortent ces triviales invitations au matérialisme le plus grossier, cette négation de la récompense d'outre-tombe ! Cette contradiction suffit seule à tenir en défiance.

Elle a justement inquiété le sagacité du docte Rossi. Il remarque que peut-être les paroles de Vibia ne font pas allusion à de honteuses orgies et qu'elles se rapportent à ce banquet des bienheureux où l'épouse justifiée est conviée à prendre sa place. Dans l'*Avesta*, ajoute-t-il, tout parle de purification de l'âme. Mithra est appelé par excellence le pur, et l'inscription du *mithræum*, d'Ostie le qualifie de *juvenis incorruptus*. Il rapproche enfin la fresque de Prétextat de celle de Saint-Clément, où est figuré le chaste Hippolyte fuyant les séductions de l'incestueuse Phèdre et pressant avec ses compagnons les préparatifs de la chasse. La vie éternelle lui est promise pour prix de sa vertu.

L'inscription *manduca, bibe, lude* du tombeau de Vincentius, fait penser à une autre inscription, plus vieille de bien des siècles et qui s'exprime en termes absolument identiques. Arrien nous rapporte[122] que lorsque les soldats d'Alexandre traversèrent la Cilicie, ils trouvèrent à Anchiale, près de Tarse, le tombeau, dit de Sardanapale, sur lequel on lisait-le fameux : ἔστιε, πίνε, παίζε, que devait répéter si longtemps après la Vibia des catacombes.. Les Grecs, dit Arrien, furent scandalisés et la fâcheuse réputation du fabuleux monarque assyrien tient peut-être à cette lecture. Or le monument d'Anchiale n'est pas le tombeau de Sardanapale. C'est un pyrée, semblable à ceux des médailles de Tarse, probablement élevé en l'honneur du dieu régional, Sandan, l'hercule assyrien, qui, purifié par la flamme du bûcher, retourne au ciel se confondre dans la gloire du soleil. On a supposé encore qu'il s'agissait du tombeau de Sennachérib, le second fondateur de Tarse, dont Bérose nous apprend qu'il se fit élever un monument recommandant « à la mémoire des siècles sa vaillance et sa vertu.[123] » Dans les deux cas, nous surprenons la même contradiction,

---

[122] Arrien, II, 5.
[123] Voir le Mémoire de R. Rochette ; l'*Hercule assyrien*. (Ac. I. B. L. t. XVII.)

précédemment relevée, entre la signification du monument et le sens littéral des paroles prêtées au héros. Il ne nous appartient pas de la résoudre ; il nous suffit de la constater. Peut-être sont-ce là tout simplement des paroles mystiques, dont le sens réel nous échappe, et que se transmettaient de siècle en siècle les initiés, comme celles des mystères d'Éleusis, relatives, au *cyceon* et au *tympanon*, qui ne sont pas sans ressemblance avec elles.

Pour conclure, il est peu vraisemblable que le mithriacisme soit intéressé dans les découvertes faites au cimetière de Prætextat ; le fût-il, les inscriptions et les dessins que ces tombes renferment ne prouvent rien contre la moralité de son culte.

Il serait assurément téméraire de conclure à l'identité absolue de la doctrine avestéenne et de renseignement donné dans les mystères de Mithra. Les mêmes causes qui, à travers les siècles, ont altéré le dogme persan, et détruit même la hiérarchie de ses dieux, les adaptations successives auxquelles Mithra s'est prêté, ont dû certes exercer leur action sur d'autres parties de la doctrine. Il est certain que l'*Avesta* ne fut pas le livre sacré, la Bible des mithriastes. Du moins se réclamaient-ils de Zoroastre et de la tradition de son enseignement, conservé au sein de ces sectes religieuses de l'Asie, qui précisément à la même époque, reconstituaient le texte perdu et proscrit et restauraient le magisme. Remarquons encore que l'*Avesta* est une morale, bien plus qu'une mythologie ; autant l'une est indigente, autant l'autre est riche en préceptes d'une rare élévation. Seule celle-ci méritait de survivre. Tout ce que nous savons par les anciens de l'histoire et de la morale du mithriacisme, le témoignage même que lui rendent les auteurs, chrétiens, établit et fortifie cette concordance. Faut-il ajouter que, de nos jours encore, les Parsis ont gardé fidèlement l'observance des préceptes de Zoroastre, et qu'ils se distinguent entre toutes les populations de l'Inde, par les mêmes vertus que recommande le livre sacré ? sévérité des mœurs, goût de la vie familiale, aversion du mensonge, probité dans les transactions, amour du travail. Ces qualités, auxquelles il faut joindre de secrètes affinités de nature, déjà signalées, et la singulière opportunité de sa prédication, expliquent la séduction particulière que le mithriacisme exerça sur les Romains de la dernière période de l'empire.

✲✲

Quand le christianisme apparaissant à la lumière des prétoires força les lettrés et les gens du monde à s'occuper de lui, après l'avoir d'abord pris pour une secte juive, on le confondit avec un de ces cultes solaires, qui venaient si nombreux de l'Orient. L'empereur Adrien, visitant cette Alexandrie où fermentait l'agitation religieuse de tant de sectes discordantes, ne distingue pas encore nettement les adorateurs de Sérapis de ceux du Christ.[124] Mais déjà Celse, mieux informé, démêle des ressemblances entre le christianisme et le culte de Mithra ; « Celui, dit-il, qui veut comprendre les mystères des chrétiens doit les comparer avec les mystères des Perses[125], » et lui-même institue cette comparaison au cours du traité que réfute Origène. Tertullien à son tour avoue des analogies qui ont pu prêter à la confusion. « D'autres, dit-il, *cette fois avec plus de bienveillance pour nous et de vraisemblance*, croient que le soleil est notre dieu, parce que, pour prier, nous nous tournons vers l'orient et parce que nous faisons du jour du soleil celui du repos et de la joie ; mais nous agissons ainsi pour des raisons tout autres.[126] » Saint Augustin relève les mêmes confusions, en ajoutant que les chrétiens célèbrent le créateur dans sa création.

Il faut dire que les chrétiens, surtout ceux d'Orient, par leur langage tout pénétré de formules empruntées aux religions de la Syrie et de la Perse, entretenaient eux-mêmes cette illusion. Pour l'évangéliste d'Éphèse, Christ est la lumière venant en ce monde. L'Apocalypse abonde en images et en symboles qui portent la marque de la Perse et de la Chaldée. Ignace d'Éphèse parle en

---

[124] *Ep. Hadr. nd Servianum* (Fl. Vopiscus : *Saturnini visa*). « Illi qui Serapim colunt, christiani sunt et devoti sunt Serapi qui se Christi episcopos dicunt. »
[125] Origine : *ad Celsum*, cap. 24. Trad. « Absoluto de Mithriacis sermone, declarat Celsus eum qui mysteria christiana exigere voluerit ad Persarum mysteria, alia cum aliis comparaverit, cogniturum quid inter utraque intersit discriminis. »
[126] Tertullien ; *Apol.*, c. XVI. Alii plane humanius vel verisimilius solem credunt deum nostrum, etc. »

ces termes de la venue du fils de Dieu ; « Un astre a brillé dans le ciel au-dessus de tous les astres, et les astres ainsi que le soleil et la lune, lui ont fait cortège ; et lui-même par son éclat éclipsait toutes les lumières.[127] » Plus étrange encore est la réflexion de Meliton de Sardes ; « Si le soleil, la lune et les étoiles se plongent dans l'océan, pourquoi le Christ ne se serait-il pas plongé dans le Jourdain ? » Car il est « le soleil qui s'est élevé de l'orient.[128] » On accumulerait les citations de ce genre, qui excusent l'erreur des païens. Le chrétien, mis en demeure de sacrifier aux idoles, répondait par le mot de l'exode « qu'il ne sacrifierait qu'à Dieu seul » (*Domino soli*). Le magistrat habitué à lire la même formule sur les monuments et les monnaies, répliquait ; « Sacrifie donc au dieu soleil ? » Ce jeu de mot qu'on retrouve dans les *Actes des martyrs* était fort connu, et plusieurs auteurs chrétiens prennent la peine d'en donner l'explication.[129]

Mais ce sont surtout les sectes gnostiques, mal séparées encore pour les profanes de l'orthodoxie chrétienne, qui travaillent de propos délibéré à cette confusion.[130] Transfuges de tous les sanctuaires de l'Orient, ces dangereux hérétiques prétendent appliquer au christianisme les procédés du syncrétisme, qui a déjà fondu et amalgamé les religions asiatiques. Peu faits à la simplicité des Écritures et du culte primitif, ils s'efforcent de découvrir un sens caché et raffiné au texte sacré. Ils se réclament de révélations particulières, d'une doctrine secrète de Jésus, transmise aux apôtres, et multiplient les écrits apocryphes, qui ont laissé tant de traces dans les traditions populaires. À la liturgie trop sèche et trop nue de la synagogue, ils mêlent les pratiques des mystères chaldéens, phrygiens, égyptiens, et, selon la forte expression d'un Père, « diffament le

---

[127] Ignatius, *Eph.*. 19, 2.
[128] Melito (Frag. περὶ λουτρου dans les *Analecta* de Dom Pitra) cité par G. Wobbermin, p. 127, *op. cit.*
[129] Saint Augustin, *De civitate Dei*, 13. Voir Le Blant ; *Les persécutions et les Martyrs*, c. VII.
[130] Sur les gnostiques, voir surtout l'auteur des *Philosophoumena*, lib. V, et saint Épiphane : *Contra* hœr.

Christ en lui prêtant les traits et les attributs d'Attis, d'Adonis et d'Osiris.[131] »
Ils prodiguent les charismes, les arts magiques, l'astrologie, les formules d'incantation.

Ceux-ci voient dans l'astre Céphée Adam, Ève dans Canopée, le *logos* dans Persée ; ceux-là suscitent Hercule pour combattre contre les mauvais anges, et ses douze travaux ne sont que les péripéties de cette lutte. Mais ce sont surtout les spéculations de Platon et de Philon sur le *logos* qui exercent leur subtile dialectique. Il devient pour eux, le Christ, dont Hermogène place le tabernacle dans le soleil. D'autres l'identifient au mystérieux *Iao* chaldéen, interprétant de façon nouvelle l'oracle de Claros, qui consulté sur ce dieu, avait répondu ; « Sache que le premier des dieux est *Iao*, qui s'appelle Hadès pendant l'hiver, Zeus au printemps, le Soleil l'été et *Iao* l'automne.[132] » Jésus devient un *éon* et on lui donne pour assesseurs 360 éons inférieurs, qui répondent aux 360 degrés du zodiaque. Basilide exprime la toute-puissance divine par le terme magique d'*abraxas* qui reproduit par la valeur numérique de ses lettres le chiffre de 365. Saint Jérôme[133] constate que les mithriastes usent du même procédé et obtiennent le même résultat, en opérant sur les lettres du mot Meithras. La secte des pauliciens, qui subsista jusqu'au XIIe siècle sur les bords de l'Euphrate, voyait distinctement la figure du Christ dans l'orbe solaire. Le succès des manichéens, qui séduisirent un instant la jeunesse de saint Augustin, est surtout fondé sur l'alliance des cultes mithriaque et chrétien. Ils avaient formé « une sorte de glu des syllabes du nom de Dieu, de celui de Jésus-Christ et du Paraclet, l'esprit saint consolateur.[134] » « Quel aliment, continue le Père, offraient-ils à mon âme affamée ? C'était au lieu de vous, le soleil et la lune, œuvres splendides de vos mains, mais enfin vos œuvres et non pas vous. » À la

---

[131] *Philosoph.*, lib. V, c. CXL-CLII ; » Congerentes mysteria ethnicorum, diffamantes Christum. Inventores novæ grammaticæ artis vatem suum Homerum hæc prodere per arcana profitentur et sacrarum scripturarum expertes in talla commenta abducentes, ludificantur. »
[132] Macrobe ; *Saturn.*, I, c. XVIII.
[133] Saint Jérôme, *Comm. in Amos*, 9-10 ; « Quem ethnici sub, eodein nomine aliarum litterarum vocant Μειθραν. »
[134] Saint Augustin ; *Confes.*, lib. III, c. IV.

conférence contradictoire de Cascar, l'évêque Archélaüs dit à Manès ; « Prêtre de Mithra, tu n'adores que, le soleil » et dans la cérémonie de réconciliation imposée aux manichéens, on leur fait jurer que le Christ et le Soleil ne sont pas pour eux la même personne.[135]

En réalité, le mithriacisme et le christianisme doivent fort peu l'un à l'autre. Les analogies sont toutes de surface. Les croyances et les dogmes mithriaques plongent leurs racines dans les traditions très lointaines de la Perse et de la Chaldée. Ils procèdent de données premières, dont on peut vérifier l'origine et qui furent fécondées par la science des prêtres et les leçons de la philosophie grecque, pour les accommoder aux goûts, aux idées et aux formes de la civilisation gréco-romaine. Sa symbolique était arrêtée, avant que ne se répandît la foi des chrétiens, puisque Stace, le contemporain de Domitien, nous dépeint déjà Mithra sous les attributs et avec le geste qu'il gardera jusqu'à la fin. Il est toutefois vraisemblable que le désir de rivaliser avec le christianisme et d'entraver sa propagande, a pu conduire, surtout dans les derniers temps, les mithriastes à insister davantage sur certaines analogies et à donner plus de relief à quelques- uns de leurs symboles. L'introduction sur les monuments de la dernière époque du repas sacré, surtout l'extension du taurobole doivent procéder de ce sentiment. Grégoire de Naziance accuse formellement Julien d'avoir été guidé dans sa politique religieuse par un parti pris d'imitation sacrilège ; et tout dans la conduite de l'empereur justifie ce reproche.[136] C'est une préoccupation de même ordre que semble trahir ce propos d'un prêtre de Mithra, rapporté par saint Augustin ; « Mithra est chrétien.[137] »

Quant au christianisme, comme pendant longtemps il ne recruta sa clientèle que parmi les déserteurs des cultes païens, « qu'on ne naissait pas chrétien, mais qu'on le devenait, » il est inévitable qu'une foule de termes empruntés à la langue des mystères ait passé dans la sienne, que des usages se soient mainte-

---

[135] Saint Épiph. : *Adv. Hæres*, t. II, lib. II, par. 46.
[136] Grég. de Naziance, *Orat. cont. Jul.*, I. c. LII : Αἵματι μέν οὐχ ὁσίω τὸ λουτρὸν ἀπορρύπτεται, τη καθ'ἡμας τελειώσι τὴν τελειώσιντου μίσους ἀντιθείς.
[137] Saint Augustin, *In Joannem*, 5.

nus, que certaines dévotions extérieures se soient fait leur place dans le nouveau culte.[138] Les gnostiques, qui prétendaient jeter le pont entre les deux religions et les concilier grâce à l'interprétation arbitraire des symboles, aidèrent beaucoup à ce passage. On avait beau dépouiller le vieil homme et revêtir par la foi et le baptême de Jésus un homme nouveau, les habitudes d'esprit étaient plus tenaces que l'idée religieuse elle-même. La rupture ne s'opérait pas d'un coup brusque et absolu ; la conversion changeait l'âme, les yeux s'ouvraient à une lumière inconnue, mais les termes manquaient pour noter les sentiments qui s'agitaient confusément au fond des âmes. Les moules de la pensée restaient intacts, quand la pensée s'était déjà modifiée. Saint Paul lui-même, pour se faire entendre, emprunte aux mystères les termes d'initiation et d'époptie. Il faut considérer enfin qu'après la conversion des empereurs, et surtout après l'échec de la restauration de Julien, la foule longtemps indécise, hésitante à prendre parti, se précipita dans l'Église. Les temples païens se fermèrent, les basiliques se remplirent. À ces nouveaux venus les évêques ne pouvaient opposer les barrières, interjeter strictement les délais, qui étaient justement imposés aux catéchumènes, afin de les instruire et d'éprouver leur foi. Ces conversions en masse, sans altérer la doctrine, laissèrent pourtant filtrer bon nombre d'éléments de provenance étrangère. L'Église, toute à la joie de son triomphe, sûre d'ailleurs, avec la connivence du pouvoir, d'avoir raison des dernières résistances de ses ennemis et de rester à l'abri de leurs revanches, ne se montra ni trop sévère, ni trop exigeante. Même elle crut pouvoir sans danger composer avec quelques-unes des superstitions les plus profondément enracinées dans les habitudes populaires. Au lieu de les heurter de front, elle préféra les adopter, et les sanctifier en les faisant siennes. C'est ainsi que plusieurs des fêtes et des pompes du paganisme, celles surtout qui associaient la divinité aux changements des saisons qui rythment les travaux périodiques de la terre, devinrent chrétiennes.

---

[138] Voir la longue liste de ces emprunts dans G. Anrich, *Das antike Mysterienwesen*, c. IV.

La plus notable et la plus heureuse de ces adaptations consista à fixer la fête de la Nativité au 25 décembre, le jour même des *Natalitia* de Mithra et celui où le soleil entre dans le solstice d'hiver.

C'était une des grandes fêtes du paganisme ; elle succédait immédiatement aux saturnales ; des jeux solennels et magnifiques étaient donnés par le prince en l'honneur de l'Invincible.[139] La foule se pressait à ces réjouissances, et les chrétiens eux-mêmes ne pouvaient s'arracher à la séduction du spectacle et à la contagion de la joie générale.[140] Ce jour n'était pas seulement la fête de la renaissance de Mithra ; tous les adeptes des cultes solaires saluaient en lui l'apparition du soleil nouveau. Vers la même date, en effet, le 7 du mois de paophi, d'après le calendrier égyptien, se célébrait la fête de la naissance d'Horus ou Harpocrate. Ce jour-là, dit Macrobe ; on présentait le soleil naissant sous la figure d'un petit enfant ; comme plus tard au printemps, on lui prêtait la forme d'un jeune homme vigoureux ; au solstice d'été celle d'un homme barbu dans sa pleine maturité, enfin celle d'un vieillard décrépit, appuyé sur un bâton. Toutes les phases de cette vie annuelle étaient soigneusement consignées dans un livre spécial : *Les anniversaires d'Horus*.[141] Les mystères de Liber, et probablement d'autres encore, avaient emprunté les mêmes usages.[142]

L'Église, pendant trois siècles, ne s'était pas préoccupée de déterminer l'anniversaire de la naissance du Christ. Les évangiles ne disent rien de cette date. Cependant à défaut d'une tradition authentique, des calculs particuliers

---

[139] Voir les textes réunis par Mommsen ; *C. I. L.*, t. I, p. 409. Julien, le *Roi-Soleil*, c. XX.

[140] Le texte du Scriptor Syrus cité par Mommsen ; « Horum solemnium et festivitatum etiam christiani participeserant. »

[141] « Hæ autem diversitates ad solem referuntur, ut parvulus videatur hiemali solstitio, qualem Ægyptii proferunt ex adyto die certa, quod tuuc brevissimo die veluti parvus et infaus videatur, exinde autem, procedentibus augmentis, æquinoctio vernali similiter atque adolescentis adipiscitur vires, figuraque juvenis ornatur ; postea statuitur æstas plenissima effigie barba solstitio æstivo, quo tem pore summum sui consequitur augmentum. Exinde per diminutiones dierum veluti senescenti quarta forma deus figuratur. » (Macrobe, *Saturn.*, I, c. Voir aussi Maspero : *Les dieux de l'Égypte*.

[142] Macrobe, *Ibidem*.

essayaient de la fixer au moyen des repères fournis par les évangélistes. Clément d'Alexandrie donne comme probable le 19 avril ; d'autres celle du 29 mai ; d'autres encore s'arrêtent à celle du 28 mars.[143] Vers le milieu du IVe siècle, on célébrait à Rome la Nativité, celle du 6 janvier. C'est seulement en 354, que, pour la première fois, le pape Liberius fixa la fête au 25 décembre. Toutefois l'Orient n'accepta cette date que vingt-deux ans plus tard. Nous le savons exactement par le texte de l'homélie prononcée par saint Jean Chrysostome à Antioche, en 386[144] ; « Voici la dixième année à peine que cette date nous a été pleinement connue. » Alors aussi apparaissent, comme une floraison spontanée et charmante, ces noëls de l'enfance du Christ, dont le poète Prudence et saint Paulin de Nole semblent avoir dès lors fixé le type.[145]

Certaines circonstances particulières qui ont poétisé le récit de la nativité, la grotte où naquit l'enfant, la présence des mages guidés par l'étoile auprès de la crèche de Bethléem, ont pu faire supposer une influence plus directe encore de souvenirs empruntés au culte de Mithra, dans l'élaboration de la légende de l'enfance. Mais cette impression s'atténue, quand on considère de près les textes et les faits. L'arrivée des mages à Bethléem est déjà mentionnée dans saint Mathieu ; c'est dire qu'elle remonte aux temps les plus lointains du christianisme. Les mithriastes ne sont pour rien dans cette rencontre. Elle résulte plus simplement de l'application de la prophétie d'Isaïe (ch. 60) annonçant, que les peuples et les rois les plus éloignés viendront à Jérusalem adorer Jéhovah, apportant en présents de l'or et de l'encens ; et aussi d'un passage du psaume 72, qui fait allusion au Messie attendu.[146] Et ces ambassadeurs furent les mages, sans doute à cause du souvenir reconnaissant que les Juifs de la cap-

---

[143] Sur la fixation de cette date, voir abbé Duchesne, *Les origines du culte chrétien*, c. VII, § 5.
[144] Jean Chrysostome, *Homel. in cliem natalem.* Patrol. Gr.. t. XLIX, trad. ; a Nonduna decimus annus est ex quo hic ipse dies manifeste nobis annotuit... Non aliter hic dies, cum ab exordio iis qui in occidente habitant cognitus fuerit, nunc ad nos demum non ante multos annos transmissus... »
[145] Prudence, *Kathemerinon*, XI et XII. Paulin de Nole : *Felicis natal. carmen.*, 9. Rapprocher le chant des mystères d'Adonis : χαιρε νύμφιε, χαιρε νέον φως.
[146] Voir la discussion de Strauss, chap. IV, § 36.

tivité avaient gardé de la sagesse et de la science des prêtres persans.[147] L'adoration des mages est d'ailleurs un des motifs les plus anciens et les plus fréquents qui ait inspiré les artistes chrétiens dans la décoration des catacombes. Ils y voyaient comme une figure de la vocation des gentils. Au contraire, le motif de la nativité, avec les accessoires de la crèche, du bœuf et de l'âne, n'apparaît qu'à une époque très postérieure. Elle se laisse voir pour la première fois sur la fresque de San Sebastiano, qui est du milieu du VIe siècle, c'est-à-dire, du temps même où la nativité commence à être fêtée officiellement ; elle est contemporaine des premiers noëls, comme si tous les arts avaient en même temps conspiré à l'apothéose de l'enfance divine.

La première mention qui soit faite de la grotte où naquit Jésus se trouve dans saint Justin, qui vivait au ii siècle.[148] Natif de Sichem, il se fait probablement l'écho d'une légende palestinienne, déjà répandue de son temps. Il est aussi le premier qui compare cette grotte à la caverne de l'initiation mithriaque, et il voit un piège du démon dans cette ressemblance. Un siècle plus tard, Origène, pour confondre les doutes qui s'élèvent parmi les controversistes sur le lieu de la naissance du Christ, tranche le débat par cet argument : Ne montre-t-on pas à Bethléem la grotte où il a vu le jour[149] ? Beaucoup plus tard encore, saint Épiphane s'efforce de mettre d'accord les versions contradictoires qui ont cours sur la grotte, en même temps que sur l'étable et la maison dont parlent les évangiles ; il les explique par des séjours successifs de l'enfant miraculeux.[150] Mais dès lors le rapprochement, qui avait frappé saint Justin, s'était fait de lui-même dans l'esprit de la foule ; de là à conclure à un emprunt d'un culte à l'autre, il n'y avait qu'un pas. Toutefois et malgré la vraisemblance, j'ai peine à reconnaître un souvenir de Mithra dans la légende de la grotte de Bethléem. Je verrais bien plutôt en elle la grotte d'Adonis, que visita saint Jérôme et qui inspirait cette réflexion au pieux solitaire ; « Bethléem, qui est pour nous

---

[147] Krause, *Hist. de l'art chrétien*, p. 151. Pératé ; *Antiquités chrétiennes*.
[148] Justin, *Dial. cont. Tryph.*, c. LXXVIII.
[149] Orig., *Ad Cels.* I, 51.
[150] Saint Epiph., *Advers. hæres*, LI. (Migne, Pat. Gr., t. I., pag. 927).

aujourd'hui le lieu le plus auguste du monde entier, fut ombragé jadis par un bois sacré de Thammouz, c'est-à-dire d'Adonis ; et dans la grotte où le Christ, petit enfant, a vagi, l'amant de Vénus était pleuré.[151]

Si l'Église adopta la date du 25 décembre pour arracher le peuple à l'attrait qu'exerçaient sur lui les fêtes du *Natalis Invicti*[152] et si les princes chrétiens continuèrent à donner ce jour-là des jeux magnifiques[153], il restait à prémunir les fidèles contre des confusions fâcheuses, et à les mettre en garde contre des souvenirs qu'il importait d'abolir. Nul ne s'y appliqua avec plus d'activité et de succès que saint Ambroise. Nous n'avons pas moins de six sermons de ce prélat sur la nativité. Tous sont significatifs et montrent avec une précision, qui ne laisse place à aucune équivoque, dans quelles conditions et sous le couvert de quelles idées, s'opéra la substitution de la fête chrétienne à la fête païenne. « Comment s'étonner, dit-il, que la lumière augmente en ce jour, où un nouveau soleil de justice a brillé sur le monde, où la lumière splendide de la Vérité a illuminé la terre ? Dieu, dans une même naissance a apporté la lumière et aux hommes et aux jours. » Et ailleurs ; « Dans un certain sens, la foule a raison d'appeler la nativité le jour du soleil nouveau. Les juifs et les gentils s'accordent pour appeler ainsi cette fête. Mais, nous aussi, nous revendiquons volontiers cette interprétation, puisqu'au moment où le Sauveur est né, se levait l'aurore du salut pour le genre humain, en même temps que se renouvelait la clarté du soleil.[154] » Plus d'un demi-siècle après saint Ambroise, le pape saint Léon se

---

[151] Saint Jérôme, *Ep 49 ad Paul.* : « Et in specu ubi quondam Christus parvulus vagiit, Veneris amasius plangebatur. »

[152] Auctor Syrus (cité par Mommsen) ; « Cum vero animadverterent doctores ad hoc festum propendere Christianos, consilio inito, statuerunt hoc die vera natalitia esse celebranda. »

[153] Corippus ; *De laude Justin. Min.*, I, V. 314 :
  Esse deum solem rectà non mente putantes.
  ...... tunc munere Solis adempto,
  Principibus delatus honos.

[154] Saint Ambr. ; *Sermo* IV ; « Uno eodemque ortu lucem pariter intulit et hominibus et diebus. » *Sermo* VI : « Bene quodammodo sanctum hunc diem natalis Domini solem novum

croyait encore obligé de réagir contre les souvenirs trop tenaces qu'avait laissés la religion du soleil et le culte de Mithra. « Gardez-vous, disait-il à ses auditeurs, des embûches du démon ; fermez vos oreilles aux paroles empoisonnées de ces gens, qui veulent qu'un tel jour mérite d'être honoré, moins à cause de la nativité du Christ qu'à cause de la naissance du soleil nouveau, comme ils l'appellent.[155]

La fixation de la nativité au solstice d'hiver est, croyons-nous, le seul emprunt positif que le christianisme ait fait au culte de Mithra ; bien que des calculs du même ordre soient souvent intervenus pour déterminer la date de la passion et de la résurrection du Christ et la faire concorder avec l'équinoxe du printemps. Peu à peu le mithriacisme s'éteignit. L'une après l'autre, toutes les grandes familles de l'aristocratie romaine qui l'avaient embrassé et soutenu, se laissèrent gagner par la prédication chrétienne. Peut-être serait-il possible de suivre à travers le moyen âge les traces laissées dans les superstitions populaires et les usages locaux par les cultes solaires. Mais cette étude serait en somme de peu d'intérêt. De ces souvenirs on trouverait des vestiges dans quelques sectes obscures, issues du manichéisme, et aussi dans les spéculations astrologiques de quelques théologiens qui dans les phénomènes du ciel, s'efforcent de découvrir la figure et l'explication des mystères chrétiens. L'iconographie garda longtemps quelques-uns des emblèmes familiers aux cultes solaires ; les griffons, la lutte du lion et du taureau. Sur les sarcophages, et sur les portails de nos vieilles églises, on voit encore figurer les sept planètes, le soleil et la lune, tantôt avec la face humaine et en buste, tantôt sur le quadrige et le bige des monuments romains ; quelquefois même le soleil est représenté avec le bonnet phrygien et la

---

vulgus appellat... Quod libenter amplectendum nobis est, quia oriente Salvatore, non solim humani generis salus, sedetiam solis ipsius claritas innovatur... »
[155] Saint Léon, *Sermo* XXII ; « Persuasione pestiferâ quorumdam, quibus hæc solemnitatis nostræ, non tam de nativitate Christi quam de novi, ut dicunt, solis orbu honorabilis videatur. »

couronne héliaque. C'est là tout ce qui reste d'un culte qui faillit conquérir l'Occident et disputer au christianisme l'empire des âmes.[156]

Il est facile de démêler à distance les causes de cette défaite, et pourquoi le mithriacisme dut céder à une religion supérieure, qui répondait mieux que lui aux aspirations du présent et aux besoins de l'avenir.

Préoccupé de pureté, au point que Tertullien vante à ses coreligionnaires et leur propose en exemple la chasteté des vierges et la continence des prêtres mithriaques, il n'a pas au même degré le sentiment de l'amour du prochain, la charité. « Celui-là est un homme du mal, dit le *Yaçna*, qui est bon pour, l'homme du mal ; celui-là est un homme d'*asha* (un vrai mazdéen) à qui est cher l'homme d'*asha*. » Le prochain est exclusivement l'homme de la loi. Faire le mal à ses ennemis est, à la lettre, une obligation religieuse. Le mépris de l'infidèle a dicté parfois au législateur les prescriptions les plus étranges. Le médecin qui veut éprouver la vertu d'un remède, doit d'abord l'expérimenter sur un adorateur des *dewas* ; c'est seulement après trois cures vérifiées, qu'il le recommandera à un mazdéen. Rien n'est moins chrétien que ces pensées. Sans doute, au cours des siècles et au contact de la civilisation romaine, cet exclusivisme intraitable, cette rigueur égoïste durent se modifier et s'adoucir. L'amour du genre humain a remplacé le préjugé étroit de la cité. Les cœurs se sont ouverts à la conception d'une humanité, dont tous les membres sont solidaires. Le stoïcisme qui a laissé non seulement sur les lois, mais aussi sur les cœurs, une empreinte si profonde, reconnaît et proclame la fraternité humaine. Mais, chez les stoïciens même, la charité du genre humain n'est pas l'amour absolu de son semblable ; elle est un fruit de la raison, elle dérive de l'harmonie du *cosmos*, de la correspondance et de la dépendance de toutes les pièces de cet univers. Elle descend du cerveau dans le cœur ; elle ne s'épanche pas spontanément comme une source naturelle d'un foyer brûlant d'amour.

---

[156] Sur cette iconographie consulter Krause, *op. cit.*, 3ᵉ chap., p. 207. Pératé ; *Archéologie chrétienne*. Bayet : *L'art byzantin*.

Son austérité même et sa rudesse furent pour le mithriacisme un principe de faiblesse. La rigueur de sa doctrine plus encore que la difficulté de ses épreuves dut rebuter bien des âmes. Tout un monde de sentiments semble lui être fermé. S'il n'exclut pas la femme de ses mystères, il ne lui fait aucune place dans son dogme religieux. L'élément féminin en est absolument proscrit. C'est là son originalité unique entre toutes les religions de l'antiquité. Celles-ci, même les plus spiritualistes, traînent toutes après elles, comme une gangue tenace, dont elles ne peuvent se déprendre, l'obscénité des vieux cultes naturalistes. S'être affranchi de cette contagion fut sans doute un incontestable mérite pour la religion de Mithra. Mais aussi elle ne connut ni la majesté de la douleur maternelle, telle qu'elle s'exprime dans le marbre de. Déméter du *British Museum*, ni la tendresse passionnée et les élans mystiques, que sut inspirer Isis à ses dévots. Rien n'égale dans l'antiquité la suavité pénétrante et persuasive des paroles de la déesse à Lucius, dans le livre d'Apulée. C'est par là que ce culte prit les cœurs et conquit si fortement les femmes dans la société romaine. Autant Mithra fut bien inspiré, au début de sa carrière, en consommant son brusque divorce avec les divinités sensuelles d'Assyrie et de Babylone, autant le fut-il mal, en rejetant de l'héritage du paganisme, qu'il recueillait à ses derniers jours, son legs le plus précieux. Le christianisme au contraire eut l'inappréciable fortune de trouver dans son berceau le culte de Marie, à la fois Vierge et Mère, plus pure que Déméter et qu'Isis, comme elles mère de douleurs et consolatrice des affligés. Ce culte point déjà dans les évangiles de Luc et de Jean ; il se propage par les apocryphes et les gnostiques, jusqu'au développement prodigieux qu'il prend, vers la fin du Ve siècle et après le concile d'Éphèse.

Le mithriacisme dut une part notable de son succès à sa facile adaptation au, paganisme gréco-romain ; mais le paganisme condamné l'entraîna dans sa ruine. Dès le début, il entre de plain-pied dans le panthéon religieux de Rome ; non seulement il s'accommode du voisinage des divinités de l'Olympe grec ; mais, à leur déclin, il en vient à les protéger et à les envelopper du prestige de sa jeune gloire. Si elles se perdent et s'effacent en lui, il aliène par leur absorption quelque chose de sa personnalité. Il prend à son compte quelque chose de leur renommée fâcheuse et de la juste impopularité qui les atteint. Après avoir profité des faveurs du culte officiel, il souffre des compromissions que ce culte lui impose. À la fin, il lui devient impossible de se dégager, il reste le prisonnier et la victime de ses protégés.

Conséquence plus grave encore. Le chrétien ne connaît que son Dieu ; ce Dieu jaloux ne permet d'adorer que lui seul. Plutôt que d'encenser les idoles le chrétien brave l'horreur des supplices ; dans l'ardeur de sa foi, il puise la force de résister à la douleur et de mépriser la mort, sûr que son sang répandu lui vaudra des récompenses éternelles. Loin de craindre le martyre, souvent il le provoque pour avoir la gloire de confesser sa foi. Plusieurs empereurs et surtout les princes syriens, ne nourrissaient aucune hostilité contre le christianisme ; et Alexandre Sévère faisait au Christ une place dans son oratoire. On ne demandait aux chrétiens que la tolérance des autres cultes et la reconnaissance du culte d'État, sur lequel était fondé l'empire. Mais ils se refusèrent à toute concession, à tout partage ; ils s'enfermèrent dans une intransigeance qu'aucune persécution ne put entamer, et ils durent de vaincre à cette obstination. S'ils avaient cédé, s'ils avaient accepté de figurer parmi les religions subordonnées à l'État et de reconnaître sa divinité, le Christ aurait suivi la fortune de Zeus, de Sérapis ou de Mithra.

Le mithriaste au contraire n'est jamais exclusivement mithriaste. Mithra n'est pas un Dieu jaloux. Il souffre que ses fidèles adressent leur encens à d'autres autels, que les initiés de ses mystères demandent à d'autres mystères les secrets du salut. Il est plusieurs chemins, dira Symmaque, pour parvenir à la vérité ; chaque culte propose le sien, et l'homme avisé les pratique tous, pour que la vérité ait moins de chance de lui échapper. C'est ainsi qu'Apulée se vantait déjà, de son temps, d'avoir reçu les initiations de tous les mystères connus. Son exemple fut suivi. Il semblait que l'on prît autant d'assurances contre les terreurs d'outre-tombe. Les inscriptions mithriaques nous révèlent les plus singulières associations de dévotions, sans doute également efficaces. Agorius Prætextatus, le grand prêtre de Mithra, le héros des *Saturnales*, cumule les sacerdoces les plus divers. Il est quindécemvir, pontife de Vesta, hiérophante d'Isis. Sa femme, Aconia Paulina, se félicite d'avoir été initiée aux mystères d'Éleusis, à ceux de Bacchus, de Cérès et de Cora, au Liber des mystères de Lerna, à Isis et à l'Hécate d'Égine. Symmaque, un des derniers et des plus sincères défenseurs du paganisme, est pontife de Vesta et du Soleil, curiale d'Hercule et Isiaque. Bien plus, le dernier hiérophante d'Éleusis est en même temps grand prêtre de Mithra. Tous les interlocuteurs du dialogue de Macrobe, et l'on peut dire la plupart des membres de la haute aristocratie romaine ont la foi aussi large et aussi éclectique. Mais qu'attendre de la fermeté d'une foi qui admet à ce point le partage ? Entre tous ces dieux, lequel chérir d'un assez ardent amour pour lui faire le sacrifice de sa vie ? Le véritable amour est exclusif. On ne meurt pas pour des dieux collectifs ; on ne meurt que pour un seul. C'est pour quoi le paganisme expirant ne compta que des martyrs involontaires, victimes du fanatisme populaire où de l'intolérance du pouvoir.

Allons plus loin. Quel aliment pouvaient bien offrir aux âmes, quelle prise au sentiment et à ce besoin d'abnégation et de sacrifice, qui est le meilleur de nous-mêmes, ces religions importées d'Orient, et pourtant si supérieures par leur faculté d'émotion aux dieux d'Homère et à ceux du Latium ! Comment pour l'adepte se dissimuler qu'il était la dupe volontaire d'une fiction ? Les pleureuses d'Adonis elles-mêmes, leur délire hystérique une fois passé, pouvaient bien aimer leur ivresse et en savourer le délice ; mais leur illusion était de courte durée, et un regard jeté sur l'astre rayonnant à la voûte du ciel suffisait à les rassurer sur l'aventure de leur dieu. Le taureau mithriaque, à la fois symbole des instincts matériels vaincus et emblème du soleil succombant aux morsures de l'hiver, devait avoir moins de vertu encore pour s'emparer des âmes. Comment s'échauffer pour une froide allégorie morale et pour une fiction astronomique ? Ce *deus certus*, dont les yeux constataient l'évidence, dont l'évolution régulière s'accomplissait au jour et à l'heure marqués, rassurait la raison, mais ne touchait pas le cœur. Jésus sanglant, cloué sur la croix, victime volontaire offerte pour le rachat de l'humanité, était une réalité autrement efficace et accessible. Ce drame tout humain remuait autrement le cœur que le drame céleste des religions solaires. Ces souffrances trouvaient un écho dans toutes les souffrances humaines.

Toutes les religions antiques s'organisent, à la fin de l'empire, sur le modèle des mystères grecs ; chacune a son enseignement secret, ses symboles à double et à triple sens qu'on ne découvre qu'avec précaution et à longs intervalles aux initiés et dont quelques-uns restent comme le privilège des seuls pontifes. La religion, comme du reste la philosophie néoplatonicienne, craint le grand jour et fuit les oreilles profanes. Elle ne trouve pas de voiles assez épais pour s'envelopper et dérober ses arcanes. La vérité ne doit être que le privilège d'une élite. Seul le christianisme répudia le principe des initiations longues et difficiles ; il n'admit que le stage nécessaire du catéchuménat. Un instant, il est vrai, l'on put craindre qu'il ne versât dans l'ornière de cette imitation. Les chrétiens d'Orient, surtout les docteurs de l'Égypte, essayèrent de l'engager dans cette voie. Clément d'Alexandrie et Origène abondent en déclarations formelles sur la nécessité d'une discipline secrète et sur la gnose chrétienne. On affecte de décrire le mystère chrétien avec les termes mêmes usités dans les initiations de Déméter ou d'Isis.[157] Les révélations mystérieuses dont l'on est dépositaire, « on ne peut les découvrir dans leur nudité et leur intégrité qu'à Aaron ou au fils d'Aaron ». Christ a voulu sa doctrine obscure, « c'est pourquoi il l'a voilée par des figures, enfermée dans les sacrements ». Le bon sens de l'Occident réagit heureusement contre ces tendances, absolument contraires d'ailleurs à l'esprit de l'Évangile. « Chez nous, dit Tatien, ce ne sont pas seulement les riches qui ont accès à la sagesse. Nous la distribuons aux pauvres et pour rien. Qui veut apprendre, peut entrer[158] ! »

Nous touchons là au point capital qui explique le succès de la propagande chrétienne. Même les cultes orientaux n'avaient pas réussi à créer une religion populaire. Seules les classes élevées et instruites se faisaient initier et avaient part aux mystères. Le peuple gardait ses croyances puériles ou se ralliait aux

---

[157] Clem. Alex., *Logos protrept.*. c. XII. Origène, In num. hom., 5, 1. Petrus Chrysologus, *Serm.* 126. Voir Anrich, *op. cit.*
[158] Tatien ; *Adv.. Græc.*, 32.

basses superstitions entretenues par les galles mendiants, les métragyrtes et les magiciens, qui pullulaient dans les grandes villes et couraient les campagnes, faisant, malgré les lois, commerce public de leurs recettes, de leurs horoscopes et de leurs amulettes pieuses. J'avoue même avoir quelques doutes sur le degré de popularité de Mithra. Les monuments mithriaques, si nombreux qu'ils paraissent, risquent de nous renseigner imparfaitement. Ils sont nombreux, à Rome, à Milan, à Naples ; surtout ils abondent sur toute la ligne de frontière de l'empire et la jalonnent, de la Transylvanie aux bouches du Rhin, marquant la place du cantonnement des légions. Mais les trente-sept temples relevés à Rome ne sont guère que des chapelles, en y comprenant même le mithræon du Capitole. Rien qui rappelle ou fasse pressentir la basilique chrétienne, capable de contenir des multitudes et qui va bientôt devenir un *forum*. Par le caractère de son enseignement, son système d'épreuves et de grades, par l'abstraction savante de ses symboles, le mithriacisme nous paraît surtout une religion de lettrés et de soldats. En dehors des cantonnements des légions, rien n'indique qu'il ait profondément pénétré les populations. Le peuple n'en retint que de vagues formules et des habitudes d'esprit qui furent lentes à déraciner. Le christianisme fut de suite la religion populaire, celle des humbles, des simples, celle surtout des souffrants, de tous ceux que la religion officielle écartait et froissait par son orgueil cruel et la morgue de ses préjugés. Rien n'est plus étranger à la culture antique, rien ne révolte davantage Celse et ses contemporains, que la prédilection de Jésus pour les misérables, les enfants, les pêcheurs et les courtisanes. Le nouveau royaume de Dieu lui paraît un paradis de gueux. Qu'un vil esclave, échappé de l'ergastule, un condamné de droit commun puisse, dans les destinées d'outre-tombe, prendre le pas sur un patricien délicat et lettré, sur un philosophe nourri de la sagesse grecque, cette prétention le soulève d'indignation et de mépris. Au fond c'est là sa principale objection au christianisme.[159] Il n'a jamais compris ni « l'éminente dignité du pauvre », ni

---

[159] Voir Celse, lib. III, c. XLIV ; « Nemo eruditus, nemo sapiens, nemo prudens ad nos accedat ; hæc enim mala æstimantur. Sed si quis est ignorus, si quis stultus, si quis insipiens,

ce que peut contenir de tendresse, de reconnaissance et de mystique amour, une âme humiliée par la faute et qui, par le pardon, s'ouvre au repentir et à la réhabilitation. « Vos docteurs, écrit Origène, quand ils parlent bien, font comme ces médecins qui gardent leurs remèdes pour les riches et négligent le vulgaire.[160] » Et mieux encore saint Augustin ; « Dans les temples, on n'entend pas cette voix ; Venez à moi, vous qui souffrez ; ils dédaignent d'apprendre que Dieu est doux et humble de cœur. Car vous avez caché ces choses aux sages et aux savants et vous les avez révélées aux doux et aux humbles.[161] » Pour la première fois, avec la prédication de l'Évangile, le ciel des béatitudes s'ouvrait aux pauvres gens. Ils se sentaient pénétrés et gagnés par la grâce des paroles divines, par l'aimable familiarité des paraboles, par cet enseignement qui, sans effort, insinuait à leur intelligence le meilleur de la sagesse des philosophes, flattés jusque dans leurs rancunes sociales par l'anathème jeté aux riches et aux puissants.[162] Jamais pareil levier ne s'offrit à une religion pour soulever le monde et le renouveler.

Oui ! tout avait été dit, tout avait été trouvé par les sages du paganisme — ou presque tout. La forme même des dogmes chrétiens, « leur figure », comme s'exprime Bossuet, n'était pas étrangère aux religions antiques. Les plus instruits des chrétiens reconnaissent eux-mêmes, dans les pensées des philosophes, dans Socrate, dans Pythagore, dans Platon, comme un avant-goût de la vérité révélée par le Christ. C'est Dieu lui-même qui éclairait leur intelligence et les chargeait de préparer ses voies. « Par tout ce qu'ils ont dit de bien, ils nous appartiennent », écrit Justin.[163] À ce point de vue, la thèse de Havet reste vraie dans son ensemble. Mais, comme l'explique l'un d'eux, autre chose est de découvrir, du haut d'un arbre, un sentier au sein d'une immense forêt ; autre

---

is fidenter veniat, etc. « Id, c. LIX et c. LXII 62 ; « Cur non missus est ad immunes a peccatis ? Quid malum est non peccasse ? Quâ igitur causâ peccatores præferuntur ? » Voir aussi Arnobe ; *Ad. Nation*, lib. I, c. XL., et Julien ; *Fin des Césars*.

[160] Origène ; *Contra Cels.*, lib. VII, 60.
[161] Saint Aug., *Confess.*, lib. VII, c. XXI.
[162] Voir le récit de la conversion de Tatien par lui-même, *Orat.*, c. XIX.
[163] Justin, *Apolog.*, II, 13.

chose d'ouvrir la route toute grande et d'y marcher.[164] Autre chose de tenir la vérité dans sa main fermée et de la jeter à mains pleines, comme la graine aux sillons. Tout avait été dit — mais sous une forme populaire, le ton et l'accent de l'Évangile, rien ne l'avait égalé. Le charme même de Platon paraît, par comparaison, trop intellectuel ; il s'abandonne, trop épris, à l'enthousiasme de sa dialectique. C'est par le sentiment plus que par la raison que se prennent les hommes, et le succès d'une religion est une victoire sur les âmes.

---

[164] August., *Confess.*, VII, 21.

TABLE DES MATIÈRES

AVANT-PROPOS 4
I INTRODUCTION 5
II LES ORIGINES 14
III LA DOCTRINE 30
IV LES ÉPREUVES ET LES GRADES 67
V SUCCÈS ET DÉCADENCE DU MITHRIACISME 76